무릎을
굽히면
사랑이
보인다

이 책의 인세는 저자의 뜻에 따라 전액 사단법인 한국스페셜올림픽위원회에 기부됩니다.
또한 샘터는 이 책의 판매 수익금 일부를 한국스페셜올림픽에 기부합니다.

투게더 위 캔!
17만의 마음을 움직인 작은 기적들

무릎을 굽히면 사랑이 보인다

나경원 지음

샘터

차례

프롤로그
'나와 그들'이 아닌 '우리'가 되기 위하여 6

chapter 1
어울려 피는 꽃이 더 아름답다

모든 장애를 갖고 태어난 아이 13
희망의 문을 열다 19
자란다, 함께 자란다 29
완벽함보다 더 아름다운 것 38
결승선 앞에서 멈춰 선 이유 49
그늘에서 피는 꽃들 57

chapter 2
무릎을 굽혀야 눈을 맞출 수 있어요

눈높이 사랑, 눈높이 행복 69
밥 퍼주는 것만 봉사가 아니에요 79
꽃을 버려야 열매를 얻는다 86
엄마가 한 번씩 다 안아 줄까? 97
'도움'과 '나눔'의 차이 105
I have a dream! 114

chapter 3
당신의 마음에 노크를

소년, 엄마를 찾아 뛰고 또 뛰다 125
김동성과 오노가 한 빙판에 선 이유 134
플로어하키장에 가득했던 '7번방의 선물' 143
만삭의 임산부가 스케이트화를 신은 이유 151
기적의 비밀 158

chapter 4
끝나지 않은 이야기

경기를 멈추지 말아 주세요 171
디테일의 힘 179
이 일은 당신 없인 안 돼요 187
자꾸 봐야 예쁘다, 오래 봐야 사랑스럽다 193
Special thanks to 유나 199

에필로그
사랑이란, 있는 그대로 받아들이는 것 208

프롤로그

'나와 그들'이 아닌
'우리'가 되기 위하여

대회 기간 8일 내내 나는 마음속으로 울고 다녔다. 순간순간 작은 기적의 연속이었다. 방 안에만 갇혀 지내던 아이들이 환한 세상으로 나와 마음껏 달리고 있었다. 숨이 턱까지 차올라도 얼굴에서 웃음이 떠나지 않았다.

관객으로 가득 들어찬 강릉 빙상장, 막 걸음마 뗀 아이처럼 한 걸음 한 걸음 걷다시피 꼴등으로 들어오는 선수를 향해 관중들이 모두 일어나 응원의 박수를 쳐주었다. 거기에는 딱하다는 듯 바라보는 시선도, 나보다 못한 존재라는 편견도 존재하지 않았다.

피겨스케이팅 시상식에서 만난 베네수엘라 선수는 금메달을 목에 걸고는 가족과 코칭스태프를 얼싸안고 환호했다. 올림픽 금메달리스트보다 더 뛸 듯이 기뻐하는 모습을 보니 '저 선수에게 스페셜올림픽은 우리가 환호하는 올림픽 이상의 가치인데, 그 감정까지 이해하고 제대로 준비한 것일까' 하는 반성마저 되었다.

애당초 0퍼센트에서 시작한 일이었다. 1968년 존 F. 케네디 대통령의 누이동생 유니스 슈라이버가 창시한 지적 장애인들의 스포츠 축제를 아는 사람은 거의 없었다. 어찌 보면 이 대회를 치러냈다는 사실 자체가 하나의 기적인지 모른다. 대회 기간을 거치며 국민 10명 가운데 7명이 스페셜올림픽을 알게 되었고, 58퍼센트는 어떤 식으로든 참가하고 싶다, 돕고 싶다고 답했다.

대회 유치 결정 직후, 팀 슈라이버 국제스페셜올림픽 회장이 물었다. 스페셜올림픽 이후 한국 사회가 어떻게 바뀌었으면 좋겠느냐고. 그때 불현듯 생각난 말이 'Look Once, Think Twice'였다. 장애인이 지나가면 대개 두 번 쳐다본다. 어떤 사람들은 불편한 기색으로, 어떤 사람들은 동정 어린 시선으로…….

익숙지 않은 존재인 데다 우리 사회의 동등한 구성원이라는 생각이 여전히 부족한 탓이다. 그 두 번의 시선을 한 번으로 줄이고 싶었다. 대신 생각은 두 번으로 늘리고 싶었다. '시선은 한 번만, 생각은 한 번 더!' 장애인이 차별받는 환경을 개선하는 문제에 대해서는 두 번 생각했으면 좋겠다는 바람이었다.

'Look Twice'에서 'Look Once'로, 'Think Once'에서 'Think Twice'로! 평창 스페셜올림픽이 이끌어 내고자 했던 변화의 목표였다.

다행히 스페셜올림픽을 통해 지적 장애인에 대한 관심이 커지고, 편견의 벽도 많이 허물었지만 여전히 갈 길이 먼 것 같다. 가끔 '스페셜올림픽이나 패럴림픽이나 장애인 경기인데, 왜 따로 나눠서 하느냐'고 묻는 사람들이 있다.

　　스페셜올림픽과 패럴림픽은 참가 대상부터 확연히 다르다. 스페셜올림픽은 지적·자폐성 장애인들이 참여하는 행사고, 패럴림픽은 주로 몸이 불편한 지체 장애인들의 경기다. 비장애인들이 얼굴부터 성격, 나이, 직업, 연령이 각각 다르듯 장애인 역시 하나의 존재로 뭉뚱그릴 수 없다. 하지만 장애인 한 사람 한 사람을 개인으로 인식하기보다 집단으로 받아들이는 사람들이 더 많은 것이 우리의 현실이다.

　　장애인과 비장애인, 한 글자 차이인데 그 한 글자가 주는 거리감은 상상 이상이다. 한쪽은 양지에서 마음껏 자신의 존재를 드러내며 살아가지만, 한쪽은 음지에서 숨어 지내는 경우가 많다.

　　하지만 적어도 스페셜올림픽이 개최되는 동안에는 장애인과 비장애인, 도움을 주는 사람과 받는 사람, 이런 구분이 무의미했다. 격려하러 왔다가 오히려 격려를 받은 비장애인이 많았다. 힘을 주러 왔다가 더 큰 힘을 얻고 돌아간 사람들도 부지기수였다.

　　장애가 있건 없건 우리는 서로의 거울이 되었다. 이것이야말로 스페셜올림픽이 지금 이 시대 우리에게 던지는 가볍지 않은 화두다. 너와 나의 구분 없이 우리가 되는 것, 손을 맞잡아 더 큰 세상을 만드는 것, 손 내밀고 박수쳐 주는 기쁨을 깨닫는 것, 그것이 스페셜올림픽이 우리에게 주는 참 교훈이 아닐까?

　행사가 끝나고 나서, 수많은 분들의 참여와 도움으로 어렵게 치러 낸 대회인 만큼, 그 취지 역시 오래 지속됐으면 좋겠다는 생각을 떨칠 수가 없었다. 그래서 그 위대했던 기적의 시간들을 한 권의 책을 통해 기록으로, 또 감동으로 남겨야겠다는 용기를 냈다.

　이 책은 정치인 나경원이 아니라 스페셜올림픽을 가장 가까이서 지켜본 한 사람으로서, 또 장애를 가진 아이를 기르는 엄마로서 쓰는 책이다. 장애인에 대한 인식의 변화를 이끌어내 보고자 쓰는 책이다. 그 진정성이 독자 여러분께 전달됐으면 좋겠다.

　더불어 정치인의 책은 내지 않는다고 하시다가 이 책의 취지에 공감해 출판을 하게 해주신 샘터사의 김성구 대표님, 자료 정리와 원고 구성을 도와준 남연정 씨에게 감사한 마음을 전한다. 그리고 임병수 사무총장을 비롯한 조직위원회 식구들에게도 고마움을 전한다.

　이 책을 통해 우리 마음속에 가늘게나마 함께하는 끈이 생겼으면 하는 바람이다. 마음과 마음을 연결하는 끈 말이다. 그 끈을 통해 '나와 그들'이 아니라 '우리'가 되었으면 한다.

　Together We Can!

2013 평창 스페셜올림픽 조직위원장
나경원

chapter 1
어울려 피는 꽃이
더 아름답다

옆집의 장애 아이를 따뜻한 시선으로 바라봐 주는 일,
'함께'는 바로 거기서부터 시작됩니다

모든 장애를 갖고
태어난 아이

"동해물과 백두산이 마르고 닳도록……."

한겨울 매서운 바람 사이로 노랫소리가 울려 퍼졌다. 20대 청년의 목소리는 성악가처럼 웅장하지도, 변성기 전의 소년처럼 맑지도 않았다. 빼어난 기교를 자랑하지도, 엄청난 고음으로 좌중을 압도하지도 못했다. 하지만 그날 그 자리에 있는 모든 사람의 가슴은 뭉클한 감동으로 일렁이고 있었다.

노래의 주인공은 '기적의 소년'이라고 불리는 박모세. 2013년 1월 29일 평창 스페셜올림픽 개막식 무대에서 그가 들려준 것은 단순한 애국가가 아니었다. 그가 걸어온 길의 고단함과 그럼에도 포기하지 않았던 의지, 또한 절망을 희망으로 바꿔 놓은 기적이 한 소절 한 소절에 오롯이 배어 있었다.

"아무래도 배 속의 아이를 포기하셔야 할 것 같습니다."
"네? 그…… 그게 무슨 말이죠?"
"아이의 뇌가 흘러나왔어요. 살 가능성이 희박합니다."

모세의 엄마가 아이를 임신한 지 5개월쯤 됐을 때, 담당의는 '사형선고'를 내렸다. 사산할 가능성이 높다고, 설사 무사히 태어난다 해도 얼마나 숨이 붙어 있을지 장담할 수 없다고 했다. 당연히, 모두가 포기하라고 했다. 살아도 사는 게 아닐 거라고.

하지만 그녀는 포기할 수 없었다. 엄마니까, 엄마이기에. 아무리 5개월이라도 배 속에 소중히 품었던, 함께 먹고 자고 꿈꿨던 그 생명을 차마 모른 척할 수 없었다.

그렇게 모세가 태어났다. 울음조차 터뜨리지 못한 채. 그리고 몇 번의 수술이 이어졌다. 뇌의 90퍼센트를 절제해 내는 네 번의 수술 동안 엄마는 기도했다. 볼 수도, 들을 수도, 말할 수도 없을지라도 그저 살아만 있어 달라고. 내 곁에서 살아만 달라고. 그것만으로도 감사하며 살겠다고.

그런데 기적이 일어났다. 생후 3개월, 모세가 처음으로 "까르르" 소리 내 웃었다. 태어나 울지도 못했던 아이가 기적적으로 소리를 내기 시작한 것이다. 다섯 살 무렵엔 말문이 터졌다. 그리고 일곱 살 되던 해, 모세가 노래를 부르기 시작했다.

믿을 수 없는 일이었다. 지체 장애, 시각 장애, 중복 장애 1급의 아이가 노래를 듣고 기억하고 따라 부르기까지 하다니, 그것은 기적이라는 말로밖에 표현할 수 없는 일이었다.

　아이를 끌어안고 눈물로 지새운 숱한 날들, 목숨과 맞바꾸어서라도 아이를 지키고 싶었던 모성의 기도가 통했던 것일까. 단단한 껍질 속에 웅크리고 있던 아이는 기적처럼 그 껍질을 깨뜨리고 세상 밖으로 걸어 나왔다. 모세의 노래는 세상을 향한 강렬한 열망, 엄마의 기도에 대한 눈물겨운 응답이었다.

　제 목소리를 내기 시작한 모세는 노래에 놀라운 재능을 보였다. 따로 가르치지 않았는데도 음정, 박자를 하나도 놓치지 않았다. 하늘이 내려 준 선물이었지만, 안타깝게도 정식으로 노래를 가르칠 형편이 아니었다. 수차례의 수술로 이미 빚더미에 올라앉은 상황에서 레슨은 언감생심일 뿐이었다. 다행히 모세의 이야기가 언론을 통해 알려지면서, 정식 성악 레슨을 받을 수 있는 길이 열렸다.

　모세는 엄청난 연습 벌레였다. 레슨이 끝난 뒤에도 혼자서 반복해 연습하고, 온종일 노래를 흥얼거렸다. 사람들은 앞을 보지 못해 악보를 읽을 수도 없는 모세가 오직 귀로 듣고 외운다는 사실에 기적이라며 놀라워했지만, 그를 지켜본 사람들은 알고 있었다. 모세의 진짜 기적은 타고난 재능이 아니라 그 재능을 꾸준히 갈고닦은 노력의 결실이었다는 사실을.

　　　　　　2011년 용인 송담대학교에서 열린 작은 뮤직캠프에서, 나는 성악과 교수님의 추천으로 모세를 처음 만났다. 발음은 서

삶조차 허락되지 않았던 모세에게
그런 놀라운 재능이 숨어 있을 줄 누가 알았을까.
그 아이들에게 기회를 주고 환경을 만들어 준다면,
불가능하다고 단언했던 생명에서도 꽃이 필 수 있다.

툴지만 울림 있는 노래에 듣는 즉시 빠져들었다. 큰 무대에 선 경험이 많지 않았지만, 지금껏 보여 준 열정과 노력이라면 어느 무대라도 당당히 설 수 있겠다는 생각이 들었다.

한 가지 우려스러운 것은 모세가 콧물을 심하게 흘린다는 점이었다. 모세를 옆에서 보살피던 자원봉사자가 밤새 모세의 콧물이 멈추지 않았다며 혹시 어디가 아픈 것은 아닌지 염려를 표했다. 먼 곳에 와서 건강에 이상이라도 생긴 것은 아닌지, 즉시 모세 어머니에게 전화를 걸어 물었더니 "본래 밤이면 콧물이 심하게 흐를 뿐, 별 문제는 없다"고 설명해 주었다.

마침 뮤직캠프가 끝나고 이틀 뒤 경산에서 스페셜올림픽 국내대회 개막식이 예정되어 있었다. 다소 갑작스럽게 올라간 무대이긴 했지만, 그날 모세의 애국가는 관중의 뜨거운 박수를 받았다. 애국가는 그렇게 모세의 대표곡이 되었다.

평창 스페셜올림픽의 개막식을 장식할 주인공 또한 다른 사람이 될 수 없었다. 모세는 조금 모자라고 부족해도, 조금 더 노력하면 꿈을 이룰 수 있음을 보여 주는 '희망의 증거' 그 자체였다.

2013년 1월 29일, 모세는 4천여 명의 관중 앞에 섰다. 반주 없이 오로지 목소리만 울려 퍼지는 애국가. 오른팔이 틀어진 모세가 한 음 한 음 진심을 다해 부르기 시작하자, 귀 기울이던 사람들의 가슴에 이내 뜨거운 무언가가 차올랐다. 삶이 곧 기적인 한 아이의 생애가 느껴졌던 것일까.

무반주로 시작된 독창이 다 같이 부르는 합창으로 끝이 났다. 귀와 입이 아닌, 가슴으로 듣고 부른 노래였다. 그야말로 '투게더 위 캔(Together we can)'이라는 스페셜올림픽의 의미가 고스란히 실현된 무대였다.

삶조차 허락되지 않았던 모세에게 그런 놀라운 재능이 숨어 있을 줄 누가 알았을까. 그 아이들에게 기회를 주고 환경을 만들어 준다면, 불가능하다고 단언했던 생명에서도 꽃이 필 수 있다. 모세가 바로 그 기적의 증거다.

왜 장애 아이는 모든 것이 부족하고 많은 것을 할 수 없다고만 생각하는가. 보통 아이들도 잘하는 것이 있고 못하는 것이 있듯이 장애 아이도 마찬가지다. 그런데도 모든 일에 '못 한다', '안 된다'고 선을 긋는 편견이 장애 아이의 한계를 만드는 것은 아닌지 모세는 우리에게 묻고 있다.

희망의
문을 열다

그렇게 스페셜올림픽의 막이 올랐다. 모세의 감동적인 애국가 뒤에는 수많은 사람의 열정과 준비, 노력이 녹아 있었다. 그 벅찬 감동의 순간, 감사한 마음이 드는 동시에 가슴 한편에서 개인적인 기억이 가만히 고개를 들었다. 이제는 희미해질 법도 한, 20여 년 전의 눈물이 다시금 가슴을 적셨다.

열 달을 기다려 만난 아이는 다운증후군이었다.
그 아이가 어느덧 대학생이 됐다.

이 두 문장 사이에, 부모가 겪을 수 있는 모든 절망과 환희가 있다. 이름도 생소했던 다운증후군에 걸릴 확률은 800분의 1이라고 했다.

왜 그런 희박한 확률이 내게 일어난 것인지, 그저 부정하고만 싶었다. 그 많은 사람들 중에 왜 하필 내게……. 도대체 이 아이를 어떻게 받아들여야 할지, 하염없이 눈물만 흘렸다. 유나와의 첫 만남은 그렇게 눈물과 탄식으로 얼룩져 있었다.

출산은 순조로웠다. 유도분만 주사를 맞은 후, 생각보다 빨리 진통이 시작됐다. 분만실로 들어간 지 두 시간 만에 아이를 낳았다. 첫 아이는 낳기 힘들다던데, 비교적 수월하게 세상에 나와 준 아이가 고마웠다.

그런데 뭔가 이상했다. 아이를 받은 의사와 간호사가 당황해하는 기색이 느껴졌다. 분만실에 싸늘한 정적이 감돌았고, 혼곤한 정신으로도 문제가 있다는 사실을 알아챌 수 있었다.

'무슨 일이지…….'

불길한 예감에 두려움이 밀려들었지만, 출산 후 몰려오는 잠을 이기지는 못했다. 그렇게 까무룩 잠이 들었다 깨어나니 병실로 옮겨진 후였다. 침대 옆에서 남편이 굳은 표정으로 쳐다보고 있었다. 어떻게 된 거냐고, 아이는 괜찮으냐고 물었지만 아무 대답이 없었다.

답답한 마음에 직접 아이를 보러 갔다. 다행히 별다른 문제는 없어 보였다. 다만 여자 아이치고 너무 못생겼다는 생각은 들었다. 갓난아기들이 다 못생겼다는 이야기는 들었지만, 생각보다 심하구나 싶었다.

그런데 남편은 왜 그리 표정이 어두운 것일까. 하루를 꼬박 캐물은 끝에야 그가 간신히 입을 열었다.

"우리 아이가…… 다운증후군이래……."

"……."

무슨 뜻인지 이해하지 못해 넋 놓은 표정을 짓고 있는데, 그가 미리 찾아본 의학 서적을 펼쳐 보였다. 염색체 질환, 안면 기형, 선천성 심장 기형…… 잠깐 읽는데도 무시무시한 설명들이 가득했다. 순간 머릿속의 회로가 끊어진 것 같았다. 이게 도대체 무슨 말이지? 도무지 이해가 가지 않았다.

'어떻게 나한테 이런 일이…… 그럴 리가 없어. 이건 꿈일 거야.'

2주 동안 우리 부부는 서로 아무 말도 하지 않았다. 매일 밤낮으로 각자 유나에 대해 생각하고 또 생각했다. 이 아이를 어떻게 받아들여야 할까, 과연 잘 키울 수 있을까. 솔직히 자신이 없었다. 나의 두려움은 엄마로서의 근원적인 죄책감이기도 했다. 누구의 잘못도 아니지만, 열 달 동안 품었던 아이가 장애아라는 사실에 어느 엄마가 자책하지 않을 수 있겠는가.

먼저 손을 내민 쪽은 남편이었다. 말없이 유나를 품어 주는 모습으로 든든한 버팀목이 되어 주었다. 이런 경우 보통 아빠가 아이를 받아들이는 데 더 오랜 시간이 걸린다고 하는데, 우리 집은 반대의 상황이었다. 남편이 먼저 마음을 열었고 내게 용기를 불어넣어 주었다. 평생을 정말 고맙게 생각하는 일이다.

근심덩어리일 것만 같았던 유나는 매일매일 새로운 기쁨을 안겨 주었다. 늦되긴 했어도 조금씩 성장해 나가는 모습에 하루하루가 감동의 연속이었다. 5~6개월 사이에 뒤집기를 한다고 육아서에 나와 있는 것을 보고 조바심치는 사이, 유나는 6개월이 끝나갈 무렵에 뒤집기를 해냈다. 7~8개월 사이의 기기와 앉기, 9~12개월 사이의 서기, 12~18개월 사이의 걷기 역시 턱걸이긴 했지만 개월 수에 맞는 성장을 잘 따라갔다.

그 모습을 보며 얼마나 감격스러웠는지 모른다. 우리 역시 여느 부모처럼 유나에 대한 감탄과 칭찬으로 입이 마를 정도였다.

"우리 유나는 엘리트 다운증후군이야. 어쩜 이렇게 다 잘하지?"

우리에게야 마냥 대견하고 예쁜 아이였지만, 막상 세상에 내보낼 때가 되니 애써 숨겨 두었던 두려움이 고개를 들었다.

첫 고비는 어린이집에 보낼 때였다. 유나가 다른 아이들과 잘 어울릴까, 혹시 받아 주지 않으면 어쩌지, 유나를 등에 업고 어린이집에 찾아가서는 선생님들의 눈치를 살피기 바빴다. 다른 사람 눈에는 한없이 부족해 보일 아이를 세상에 내놓은 엄마는 죄인의 심정이었다.

학교에 갈 나이가 되자 또다시 막막해졌다. 유나 같은 아이들이 다니는 특수 학교에 보내야 할지, 일반 학교에 보내도 될지 고민스러웠다. 주변에 알아보니 다운증후군 아이들도 초등 교육까지는 따라갈 수 있는 수준이라고 해서, 용기를 냈다.

좀 더 유나에게 적합한 교육을 해줄 수 있을 것 같은 사립 초등학교 한 군데를 찾아갔다. 아이 손을 잡고 천천히 둘러본 학교는 기대보다 더 만족스러웠다. 유나가 다니기에 좋은 환경이라는 생각이 들었다. 아이에게 친절하게 학교에 대해 설명해 주는 교감 선생님에게 조심스럽게 말을 꺼냈다.

"학교가 참 좋아요. 그런데 우리 아이가 장애가 있어서…… 선생님들도 미리 아셔야 할 것 같아서요. 교장 선생님께 먼저 말씀드려야 하지 않을까요?"

순간 교감 선생님의 얼굴색이 변했다. 유나가 겉으로는 잘 티가 나지 않아 전혀 알아채지 못한 모양이었다. 놀라서 그런 거라고 이해하려 했지만, 순식간에 변하는 표정을 보니 생각보다 더 큰 벽이 느껴졌다.

그래도 어렵게 용기 내 찾아온 이상, 이 학교에 지원하고 싶은 이유를 설명하고, 이 아이를 받아 줄 수 있을지 나름대로 설득해 볼 생각이었다. 그런데 교장실 문을 열고 들어서는 순간, 대뜸 벼락같은 호통이 귓전을 때렸다.

"엄마! 꿈 깨! 장애 아이 가르친다고 보통 아이처럼 되는 줄 알아?"

문이 열리자마자 교장 선생님이 자리에서 일어나지도 않은 채 소리를 치는 게 아닌가. '감히 어떻게 장애인을 사립 초등학교에 데려왔어?' 하는 눈빛이었다. 순간 아무 말도 할 수가 없었다. 아니, 그 어떤 말도 소용없겠다는 생각이 들었다.

분노를 누른 채 돌아섰다. 유나 손을 붙잡고 운동장을 가로질러 교문 밖까지 걸어 나오는데 하염없이 눈물이 쏟아졌다. 온몸이 떨렸다. 지나가는 사람이 쳐다보든 말든 아무 상관이 없었다.

　집에 돌아와서도 떨림이 가라앉지 않았다. 경멸하듯 쳐다보던 그 눈빛이 끈질기게 떠올랐다. 남편에게 울면서 오늘 있었던 일을 이야기했다. 남편 역시 어떻게 그럴 수가 있느냐고 같이 분개했지만, 그 온도가 달랐다. 적어도 내가 느끼기엔 그랬다. 대응에 있어서도 남편은 나보다 소극적이었다.

　순간 이런 경험을 하는 건 나만이 아닐 것이라는 생각이 들었다. 대개 아이를 데리고 다니며 현실과 몸으로 부딪히는 사람은 엄마일 것이다. 아내를 통해 이야기를 전해 듣는 아빠는 공감의 정도가 낮을 수밖에 없다. 사회적으로 힘이 약한 엄마들은 악다구니 쓰는 것밖에는 아무것도 할 수 없는 것이 현실이었다.

　나 한 사람 참고 넘어갈 문제가 아니라는 생각이 들었다. 법전을 펼쳐 들고 살피니 교육청을 통해 행정처분을 받게 하는 방법이 있었다. 바로 교육청에 전화를 걸어 상황을 설명했다. 하지만 담당 직원은 "아 어머님……" 하며 어떻게든 나를 달래 일을 무마하려고만 했다.

　며칠 후 확인해 보니 해당 학교에 주의를 준 것이 전부였다. 법률적으로 왜 문제가 되는지를 조목조목 적어 편지를 보냈다. 하지만 여전히 달라진 것이 없었다.

결국은 내 신분을 밝혔다.

"○○지법에 근무하는 나경원 판사입니다."

그러자 상대의 말투가 달라졌다. 그러고는 곧바로 해당 학교에 행정처분이 내려졌다. 통쾌함보다는 안타까움이 가슴을 쳤다.

살면서 그때처럼 분노하고 그때처럼 많이 울었던 적이 없다. 유나가 앞으로 맞닥뜨려야 할 세상의 벽을 처음으로 느낀 순간이었다. '천생 판사'이던 내가 정치를 시작하게 된 것도 문전박대를 당했던 이때의 경험 때문인지 모르겠다.

편견과 차별이라는 거대한 벽을 무너뜨릴 수는 없을지라도, 그 벽에 문을 만들어 세상과 통하는 길을 열고 싶었다. 판사란 법을 해석하는 사람이다. 하지만 이미 만들어진 법을 해석하는 것만으로 세상을 바꾸기는 어렵지 않을까 하는 생각이 들었다. 유나와 같은 장애인들이 인간답게 살아가기 위해서는 법과 제도부터 바뀌어야 한다는 깨달음이 찾아왔다.

오랜 시간이 지나, 나는 스페셜올림픽을 통해 장애 아이들과 세상이 소통하는 희망의 문을 만들고 있었다. 스페셜올림픽을 준비하는 사람들의 염원은 하나였다. 장애 아이와 보통 아이의 구분이 없는 세상, 장애 아이와 보통 아이가 함께 손잡는 세상을 만드는 것.

나 역시 조직위원장이기 전에 엄마의 마음으로 시작한 일이었다.

그랬기에 가능한 일이었는지 모른다. 유나를 키우며 느꼈던 세상의 벽에 문을 내는 데 조금이나마 보탬이 되고 싶었다. 방 안에만 갇혀 있던 아이들을 세상 밖으로 이끌어 주고 싶었다.

그 간절한 바람이 힘을 발휘했던 것일까. 대회 유치 당시 0퍼센트에 가까웠던 스페셜올림픽에 대한 인지도는 대회가 끝날 무렵 70퍼센트까지 상승했다. 참가규모 역시 103개국, 선수 3,190명으로, 82개국에서 2,622명이 참가했던 2009년 아이다호 동계 올림픽보다 더 큰 규모로 성황리에 치러졌다. 역대 스페셜올림픽 역사상 최다 관객이라는 17만 명이 올림픽을 찾았다. 이 모두가 '작은 관심'이 모여 거둔 '큰 결실'이었다.

스페셜올림픽의 자원봉사자들이 이런 말을 했다. 장애인 선수들은 항상 먼저 밝게 인사해 주어서 함께 있으면 즐거워진다고. 그들은 우리를 행복하게 만드는 특별한 능력을 가진 것 같다고 말했다. 인상을 찌푸리고 다니는 건 비장애인뿐이라는 말은 '부족함'과 '모자람'의 뜻을 다시금 생각하게 한다.

스페셜올림픽에서는 장애인과 비장애인, 도움을 주는 사람과 받는 사람, 이런 구분이 무의미하다. 나눌 필요도 없고 나누어지지도 않는다. 격려를 하러 왔다가 오히려 격려를 받고 간다. 힘을 주러 왔다가 더 큰 힘을 얻고 간다.

역대 최대 규모, 최다 관중, 이러한 수치적 성과보다 중요한 것은 스페셜올림픽이 지금 이 시대 우리에게 던지는 사회적 의미다. 너와 스페셜올림픽을 준비하는 사람들의 염원은 하나였다.
장애 아이와 보통 아이의 구분이 없는 세상,
장애 아이와 보통 아이가 함께 손잡는 세상을 만드는 것.

나의 구분 없이 우리가 되는 것, 손을 맞잡아 더 큰 세상을 만드는 것, 박수 쳐주고 등 두드려 주고 손 내밀어 주는 기쁨을 깨닫는 것, 그것이 스페셜올림픽이 우리에게 주는 실질적 가치다.

함께한다는 것, 같이 걷는다는 것은 아주 작은 관심에서 시작되는 것이 아닐까. 옆집의 장애 아이를 따뜻한 시선으로 바라봐 주는 일, '함께'는 바로 거기서부터 시작된다.

자란다,
함께 자란다

"이번 평창 스페셜올림픽에서 지적 장애인 자원봉사자를 어떻게 모집할지 의견을 내봅시다."

일순간 회의실에 정적이 흘렀다. 조직위원회 본부장 회의. 자리에 있는 모두가 아무런 대꾸 없이 서로 의아한 눈빛만 교환하고 있었다. 국제본부와 체결한 계약서에는 반드시 지적 장애인 자원봉사자 100명을 채용하도록 되어 있었지만, 다들 실천 가능성이 희박한 장식 조항 정도로만 생각하는 듯했다.

"저…… 그게 가능할까요? 지적 장애인이 자원봉사를 한다는 게 좀……."

정적을 깨고 나온 한마디에 모두가 동의한다는 듯 고개를 끄덕였다. 스페셜올림픽 조직위원회라고는 하지만 지적 장애인에 대한 전문가들로 꾸려진 팀이 아니기에, 대회 준비 초반에는 여느 사람들처럼 지적 장애인에 대한 이해가 부족했던 것이 사실이다. 어떻게 해야 그 오해를 걷어 낼 수 있을까.

유나를 20여 년간 키우면서 나름 지적 장애인에 대해 반전문가가 되어 있었기에, 분명 그들이 잘할 수 있는 일이 있을 거라고 나는 확신했다. 지적 장애인은 할 수 있는 일이 없을 거라는 편견이 안타깝기만 했다.

"장애인은 무조건 도움만 받는 사람들이 아니에요. 우리가 생각하는 것처럼 혼자서 아무것도 못하는 사람들이 아닙니다. 각자 가진 능력은 조금씩 다르지만 지적 장애인도 충분히 할 수 있는 일이 있어요. 오히려 우리보다 더 나은 점도 있어요. 집중력이 뛰어나고 책임감도 강해요. 자기가 할 수 있는 일을 맡으면 끝까지 해내고 마는 집념도 있고요. 선수뿐 아니라 다양한 분야에서 그들이 힘을 보탤 때, 진정한 스페셜올림픽이 아닐까요? 무조건 안 된다고만 생각하지 말고 어떤 방법이 있을지 한번 고민해 봅시다."

2주가 흘렀다. 진행 상황을 확인해 보니 진척된 것이 없었다. 지적 장애인들에게 무슨 일을 맡길 수 있을지 전혀 갈피를 잡지 못하는 듯했다.

쉽게 생각해 보기로 했다. 사실 봉사라는 게 꼭 거창할 필요는 없다. 입장객들에게 인사하는 것도 봉사고, 시상식에서 선수들에게 메달을 전해 주는 것도 봉사가 아닐까. 경기를 관람하면서 박수 치고 응원하는 것도 봉사가 될 수 있지 않을까. 사소한 일이라도 그들에게 역할을 부여하는 것이 중요하다는 데로 의견이 모아지자, 구체적인 방안들이 제시되기 시작했다.

내부적으로 뜻을 모았지만, 난관은 남아 있었다. 우선 모집부터 쉽지 않았다. 취업한 지적 장애인들이 대회를 위해 휴가를 내기는 어려운 상황이었다. 그렇다 보니 지원자 대부분이 정규 근무를 제대로 해본 경험이 없었다. 대대적으로 모집 공고를 내고 특수 학교에도 개별적으로 접촉한 끝에, 100여 명의 봉사자들을 어렵게 선발했다.

진짜 시작은 이제부터였다. 그들에게 '구체적인 업무'를 부여하는 것이 중요했다. 지적 장애인 자원봉사자들 각자의 능력치가 어느 정도인지 정확히 파악하고, 각기 어떤 일을 맡길지 결정해야 했다.

지적 장애인은 9시부터 6시까지 풀타임으로 일하기가 어렵다. 한 시간 일하면 두 시간을 쉬어야 하는 사람도 있고, 가만히 있기가 지루해 무슨 일에든 적극적으로 나서고 싶어 하는 사람도 있다. 어떤 친구는 단순한 일에만 집중력을 발휘하는 반면, 어떤 친구는 복잡한 일도 곧잘 처리한다.

중요한 것은 각자의 역량에 맞는 기회와 역할을 부여해 주면, 능력치가 차츰 올라간다는 사실이다. 처음엔 한 시간밖에 일할 수 없던 친구도 적응이 되면 두 시간, 세 시간으로 점점 집중력이 향상된다.

지적 장애인들이 자원봉사를 통해 자신의 역량을 펼치고 또 강화할 수 있게 하는 것이 목표였지만, 혹시 도움이 필요할 경우를 대비해 비장애인 보조인력 50여 명도 함께 배치하기로 했다. 그렇게 최종 선발된 111명의 지적 장애인 자원봉사자들에게는 대회에 앞서 교육을 실시했다. 스페셜올림픽이 어떤 행사인지, 자신들은 어떤 역할을 하는지 이해하기 쉽게 설명했다.

올림픽 개막과 동시에 그들은 입장 관리, 대표단 안내, 미디어 및 홍보 지원, 수송 서비스 등 10여 개의 분야로 나누어 배치되었고, 스태프증을 목에 걸고 각자의 역할을 해냈다. 경기장에서, 식당에서 만난 그들은 언제나 자신감 넘치고 행복한 표정이었다.

식당에서 안내를 맡은 자원봉사자는 "좋은 아침입니다!" 하고 씩씩하게 인사를 건넸고, 스노우보딩 선수 휴게소의 자원봉사자는 "저는 쓰레기를 치워요. 제가 열심히 해야 선수들이 깨끗한 곳에서 쉴 수 있어요" 하며 청소에 열중했다.

특히 유나 또래의 여대생 자원봉사자 친구가 했던 말이 아직도 기억에 남는다.

"저도 똑같은 장애가 있기 때문에 선수들이 뭘 원하고 뭐가 필요한지 잘 알아요. 그래서 선수들을 더 잘 챙겨 줄 수 있을 것 같아요."

물론 모든 진행이 순조롭기만 한 것은 아니었다. 무엇보다 안타까웠던 것은 언론의 편견 어린 시선이었다. 대회 초반에 취재를 나온 기자들은 봉사 활동 사이사이 쉬고 있는 친구들을 보고는 지적 장애인들의 자원봉사 활동이 '보여 주기 식 행사'가 아니냐고 쓴소리를 했다.

지적 장애인의 특성을 잘 모르는 상황에서는 일견 당연한 지적이었다. 하지만 기자들 역시 대회 기간 동안 경기장과 행사장 곳곳을 둘러보고 봉사자들의 활동을 지켜보며 지적 장애인에 대한 이해의 폭이 넓어졌다. 이번 행사가 거둔 또 하나의 작은 소득이었다.

지적 장애인들을 조직위원회의 직원으로 채용할 때도 비슷한 난관을 겪었다. 지적 장애인들이 사회화에 있어 가장 큰 어려움을 겪는 것이 바로 취업 문제다. 장애인 채용이 법적으로도 의무화되어 있지만 제대로 시행되지 않거나 고용부담금으로 대체해 버리는 경우가 많다. 심지어 지적 장애인을 위한 행사에 장애인을 직원으로 채용하는데도 내부 직원들의 반대가 예상보다 거셌다.

일의 비효율성이 그 이유였다. 당장 내 일 처리하기도 바쁜데 지적 장애인 직원의 업무까지 신경 쓰고 도와줘야 한다면 누가 달가워하겠는가. 지적 장애인들의 업무 능력을 확신할 수 없었던 직원들로서는 어쩌면 당연한 반응이었을 것이다. 하지만 우리나라의 장애인에 대한 편견이 어느 정도인지 여실히 보여 주는 일화였다.

다행히도 "장애인들 도우라고 우리가 월급을 받는다"는 사무총장의 설득으로, 우여곡절 끝에 남녀 각각 한 명씩 지적 장애인 직원 두 명을 선발할 수 있었다. 걱정과 달리 두 사람은 금방 적응해 주었다.

우현 씨는 인터넷을 잘 다뤄 SNS에 글을 올리는 일을 맡았는데, 동글동글 글씨를 잘 쓰는 재주까지 있었다. 그것을 눈여겨보았던 홍보본부장의 제안으로, 홍보 책자의 타이틀 캘리그래피 작업을 그에게 맡겼다.

우현 씨는 실력을 인정받았다는 사실이 기쁘면서도 잘해내야겠다는 부담감이 컸는지 사뭇 진지한 태도로 연습에 매진했다. 먹펜을 쥐고 이런저런 글씨체로 써보고는, 어떤 게 더 나으냐고 사람들에게 연신 물었다.

그렇게 해서 완성된 캘리그래피가 표지에 실리자 신 나서 어쩔 줄 모르는 표정으로 인증샷을 찍어 SNS에 올렸다. 대회 전 크리스마스를 앞두고 만든 카드에도 우현 씨의 캘리그래피가 빛을 발했다.

주혜 씨는 성격이 참 싹싹한 데다 항상 예쁘고 깔끔한 차림으로 보는 이의 기분까지 좋게 만드는 힘이 있었다. 직원들이 옷차림에 신경 쓴 날에는 한눈에 알아보고 "오늘 너무 예쁘세요" 하고 듣기 좋은 말을 해주는 센스까지 있었다. 그래서 다들 칭찬이 후한 주혜 씨에게 한 번씩 눈도장을 찍으러 가곤 했다.

하지만 집이 아닌 회사에서 공동체 생활을 한다는 것이 두 사람에게는 결코 쉽지 않은 일이었다. 우현 씨는 야맹증에 시각 장애까지 있는 탓에, 깜깜한 계단을 내려가다 발을 헛디뎌 넘어지는 일이 잦았다. 그래서 일찍 해가 지는 겨울철에는 오후 4시면 서둘러 퇴근시켰다.

"저도 똑같은 장애가 있기 때문에
선수들이 뭘 원하고 뭐가 필요한지 잘 알아요.
그래서 더 잘 챙겨 줄 수 있어요."

물가에 내놓은 아이마냥 회사에 보내 놓고도 노심초사했을 부모님의 마음은 어떠했을지……. "그래도 자기 할 일이 생기고, 신이 나서 회사를 다니는 모습을 보니 정말 대견하다"는 말을 전해 들으며, 우현 씨를 바라보는 부모님의 행복을 짐작할 수 있었다.

주혜 씨 어머니 역시 마찬가지였을 것이다. 그녀는 출근하기 전 어머니와 함께 정장을 사기 위해 백화점에 갔다고 한다. 딸의 첫 출근, 본인에겐 눈에 넣어도 아프지 않을 딸이지만 혹시나 남들 눈에 부족하게만 보이지 않을까 하는 염려와 어느새 자라서 당당히 취업한 딸에 대한 고마움…… 그 모든 감정이 뒤엉켜 복받쳤는지 어머니는 백화점에서 눈물을 철철 흘렸다고 했다.

가족이라는 울타리를 벗어나 낯선 사람들과 어울려 생활한다는 것은 두 사람에게 엄청난 도전이었을 것이다. 그들이 조직 생활의 규칙을 배우고 거기에 적응해 가는 데는 우리의 생각보다 훨씬 큰 노력이 필요하다.

지적 장애인은 처음 보는 사람과 금세 친해지는 반면, 자기만의 고집이 있거나 감정 변화가 크다는 특성이 있다. 우현 씨와 주혜 씨도 마찬가지였다. 그렇기에 다른 직원들도 업무 외에 감정적인 부분까지 많이 신경 쓰고 노력을 기울여야 했다.

함께 일하는 동안 바뀐 것은 그 둘뿐만이 아니었다. 한 공간에서 같이 부대끼며 정이 들고 나니, 직원들 역시 조금씩 달라지는 모습이 보였다. 우현 씨와 주혜 씨가 밝게 웃으면서 일할 수 있도록 살뜰히 챙기고 보듬으면서 보람과 만족을 느꼈다. 내가 누군가에게 도움이 되는 존재라고 느끼니, 책임감과 애정도 더 깊어지는 듯했다.

스페셜올림픽이 끝난 후 직원들은 한목소리로 말한다. 우리가 배운 것이 더 많다고. 우현 씨, 주혜 씨와 함께 생활하면서 정신적으로 훨씬 성숙한 인간이 된 것 같다고. 이것이야말로 다 같이 성장하는 아름다운 변화가 아닐까.

지적 장애인에 대한 편견을 거두고 그들 역시 우리처럼 시행착오를 통해 조금씩 나아질 수 있다고 믿을 때, 우리도 더 나은 사람으로 성장할 기회가 열리는 것 같다.

완벽함보다
더 아름다운 것

    세상에는 정말 다양한 사람들이 있다. 저마다 얼굴이 다르듯 성격도, 능력도 제각각이다. 잘난 사람, 못난 사람이 한데 뒤섞여 살아간다. 사회생활을 하다 보면 이런저런 인간 군상을 접할 일이 많다. 절대적으로 잘나기만 한 사람도 없고, 못나기만 한 사람도 없다. 톱니바퀴가 맞물려 돌아가듯 서로 도움을 주고받으며 살아간다.

    물론 나도 예외가 아니다. 고백컨대 젊은 시절의 나는 완벽주의자에 가까웠다. 공부도, 일도 더할 수 없을 만큼 최선을 다했고, 사소한 부분도 허투루 넘어가는 법이 없었다. 대충이라는 건 용납되질 않았고, 매 순간 신경을 곤두세웠다. 타고난 성격이 좀 그랬다. 나 혼자 열심히 하면 다 되는 줄 알고 악착같이 부지런을 떨며 살았다.

    그러다 깨달았다. 혼자 사는 세상이 아님을, 때로는 다른 사람에게 도움을 받을 줄도, 서로 한 발씩 물러설 줄도 알아야 한다는 것을 말이다. 혼자서 만들어 내는 '완벽함'보다 다 함께 만드는 '조화로움'이 더 의미 있다는 것도. 그러한 깨달음을 준 것은 다름 아닌 스페셜 올림픽 무대였다.

스페셜올림픽은 운동 경기만 열리는 스포츠 행사가 아니다. 특히 평창 스페셜올림픽은 '문화 올림픽'이라 불릴 만큼 다채로운 문화 행사를 펼쳐 관중들의 많은 관심을 끌었다. 풍성한 올림픽을 만들어 보자는 취지도 있었지만, 지적 장애인들이 '문화를 통한 도전'을 경험할 수 있는 기회를 마련하고, 이들이 가진 예술적 재능을 사람들에게 알리기 위해서였다.

지적 장애인들 중에는 박모세 군처럼 뛰어난 재능과 실력을 가진 친구들이 많다. 그런 친구들이 경제적 문제 등으로 재능을 발견할 기회를 갖지 못하거나 실력을 키울 여건이 부족한 것이 늘 안타까웠다. 특출한 재능이 없더라도 문화, 예술을 즐기는 것은 정서적·심리적 안정감을 찾고, 자기표현 능력을 키우는 데 큰 도움이 된다. 방 안에만 갇혀 지내는 지적 장애인들이 다 함께 모여 마음껏 노래 부르고 춤출 수 있는 무대를 만들어 주고 싶었다.

맨 처음 시작은 국회의원 시절 만든 '장애아이위캔'이라는 연구단체였다. 당시 장애아이위캔에서 개최한 것 중에 '작은 산타의 선물'이라는 연말행사가 있었다. 초창기에는 문화 체험을 하게 해주자는 뜻에서 인기 있는 가수들을 초대해 공연을 보여 주는 정도였다. 그런데 가수들의 무대를 보며 같이 노래하고 춤추는 모습을 보니, 아이들을 능동적으로 참여시켜 보면 어떨까 하는 생각이 들었다.

장애인 댄스 경연대회를 사회복지법인 다운회와 함께 개최했고, 그것이 벌써 10회를 넘어섰다. 초반에는 참여하는 팀들만 나오더니 갈수록 장르가 다양해지고 수준도 높아졌다. 무대에 설 기회가 늘다 보니 실력 있는 친구들도 점점 많아졌다.

'장애아이위캔'은 사단법인 '사랑나눔위캔'(이하 위캔)으로 발전했고, 2012년부터는 뮤직캠프를 열고 있다. 위캔 재단을 통해 음악 교육을 받은 아이들 중 다수가 스페셜올림픽의 개·폐막식과 문화 행사에서 큰 역할을 해주었다. 의도한 바는 아니었지만 결과적으로 위캔이 지적 장애인 아티스트들을 키워 내는 양성소가 된 셈이다.

위캔뿐 아니라 장애인문화협회나 장애인문화축전 같은 곳을 통해서도 실력 있는 지적 장애인들을 발견할 수 있었다. 스페셜올림픽 문화 행사에서 국립발레단 무용수들과 한 무대에 섰던 발레리나 백지윤 씨의 경우에는 지적 장애인으로는 유일하게 국립발레단 아카데미에서 발레를 배웠다. 전문 교육을 받은 지적 장애인 아티스트의 좋은 예라고 할 수 있다.

유나가 고등학교를 다닐 때가 기억난다. 학교 축제가 열리면 특수 학급 친구들은 참여할 기회가 없었다. 교장 선생님은 늘 특수 학급에 더 많은 지원을 하려 애쓰셨지만, 축제까지는 미처 생각지 못하셨던 것이다. 장애 학생들도 축제에 함께 참여시키면 어떻겠느냐고 제안하자 특수반 선생님조차 부담스러워하는 눈치였다.

"장애 학생들이 과연 좋아할까요? 자기들이 뒤처지는 모습을 보여 주고 싶어 하진 않을 것 같은데……."

그래도 그들에게 기회를 줘보자는 쪽으로 결론이 났다. 축제에 참가한다는 사실만으로 아이들에게는 큰 동기 부여가 되었다. 스스로 참여하는 기쁨도 누릴 수 있었다.

우리의 예상과 달리, 장애가 있는 친구들 중 사람들의 주목을 받고, 주인공이 되고 싶은 욕구가 큰 경우를 적지 않게 볼 수 있다. 다만 그럴 기회가 없을 뿐이다. 장애 학생들의 참여로 학교 축제는 한층 더 풍성하고 성숙해졌다. 지켜보는 학생들의 마음에도 어떤 깨달음이 남았을 것이다. 중요한 것은 기회다.

지적 장애인들과 함께 스페셜올림픽의 무대를 만들면서 가장 염두에 두었던 것 역시 그 부분이었다. 스페셜올림픽을 통해 우리가 보여 주고자 하는 '참여'라는 가치가 명확히 드러나야 했다. '함께하는 도전'이라는 올림픽 슬로건에 맞게 지적 장애인들의 도전과 그들의 가능성을 보여 주고 싶었다.

사실 처음엔 스페셜올림픽도 다른 올림픽 못지않게 완벽하게 '준비된 대회'라는 걸 보여 주고 싶은 마음이 컸다. 스페셜올림픽처럼 거대한 행사에서 그 행사의 퀄리티를 결정하는 것은 개·폐막식의 완성도와 예술성 그리고 의전이다.

그러나 우리가 기획한 예산은 전국체전보다 적었으니 마냥 돈을 쏟아부을 수도 없었다. 뭔가 창의적인 구상이 필요했다. 여러 세부적인 사항들보다 더 중요한 것은 개·폐막식이 추구하는 가치를 정립하는 것이었다.

스페셜올림픽을 통해 우리가 보여 주고 싶은 가치는 무엇일까? 스페셜올림픽만이 전할 수 있는 특별한 의미는 무엇일까? 우리만의 정체성을 살리고, 다른 대회와의 차별성을 나타낼 수 있는 것, 그것은 바로 지적 장애인들이 주인공이 되는 무대였다.

앞서 말했듯 그 무대를 통해 지적 장애인들이 어떤 가능성을 품고 있는지, 그들의 도전을 보여 주고 싶었다. 스포츠뿐 아니라 다양한 분야에서 그들이 실력과 잠재력을 발휘할 수 있는 '문화 올림픽'을 만들어 보기로 했다. 개·폐막식뿐 아니라 대회 기간 내내 다양한 문화 공연을 준비했고, 컨벤션센터에서는 장애인 아티스트들의 미술 작품을 전시하기도 했다.

물론 모든 행사를 지적 장애인들만으로 꾸리는 것은 불가능한 일이다. 비장애인 아티스트들과 함께 서되, 적어도 지적 장애인들이 구색 맞추기용 들러리가 되게 하지는 말자는 분명한 목표를 정했다. 개막식 역시 장애인과 비장애인이 함께하는 공연을 준비하라고 큰 방향을 제시했다.

그런데 실제로 이를 만족시키기 위한 구체적인 방안은 참으로 막막했다. 처음 마련했던 기획안은 흔하디흔한 공연 행사와 다를 바가 없었다. 장애인이 서는 무대라고 하니 긴장감이 덜한 듯했다. 물론 전문적인 비장애인 아티스트들에 비하면 공연 자체의 완벽함은 떨어질 수밖에 없다. 그러나 그들의 존재가 감동을 주려면 어느 무대보다 완성도가 있어야 했다.

준비 과정에서도 문제가 생기기 시작했다. 공연의 완성도를 높이려는 연출가의 의욕이 점점 커지면서 지적 장애인이 자꾸 배제되는 것이었다. 우려하지 않았던 바는 아니었다. 보다 완벽한 무대를 만들고 싶은 욕심이 어떻게 들지 않겠는가. 하지만 그러다 보면 애초의 의도는 퇴색될 수밖에 없었다.

하지만 우리는 경험이 있었다. 스페셜올림픽 개최 전 'D-100 성공 기원 음악회'에서도 비슷한 과정을 겪었다. 그때도 장애인 아티스트와의 합동 공연이 반대에 부딪혔다. 당시 음악회에 참여했던 우리나라 최고의 원로 음악인은 합동 공연에 부정적인 입장이었다.

그럼에도 반대를 무릅쓰고 지적 장애인을 무대에 세웠다. 이 행사는 지적 장애인들이 꾸려 나가는 무대지 훌륭한 음악인들이 기량을 뽐내는 자리가 아니었다. 서툴다고 지적 장애인을 배제시킨다면 아무런 의미가 없었다.

결과는 성공적이었다. 유명 아티스트들보다 지적 장애인의 연주에 더 큰 박수를 보내는 관중의 반응에 가슴을 쓸어내렸다. 지적 장애인에게 마음을 열고 온 이들이었기에 서툰 솜씨마저 예쁘게 보였으리라. 공연이 끝난 후 관객들은 한목소리로 지적 장애인 아티스트들에 대한 감동을 전했다.

호평이 쏟아지자 처음에는 우려했던 이들도 다 같이 기뻐해 주었다. 반대가 심했던 원로 음악인도 그들의 무대를 보고는 마음이 움직였는지 뒤늦게나마 우리의 뜻을 이해해 주었다. 그때를 떠올리며 개막식 역시 좋은 결과를 얻을 수 있으리라 예감했다.

개막식을 위한 무대 장치와 조명이 자리를 잡아 가기 시작했다. 그러나 실무자들은 장애인들의 다소 어색한 무대가 공연 자체를 학예회처럼 보이게 하지 않을까 여전히 염려가 많았다.

개막식 하루 전날 리허설에서 만난 장애인 무용단원은 마구 들떠 있었다. 모두들 곱게 화장하고 열심히 준비 중이었다. 아이스링크 위에 마련된 무대가 다소 추웠는데 흥분된 마음에 추위도 잊은 듯했다. 지도 선생님과 어머니들은 이런 기회를 줘서 고맙다는 인사를 전했다.

그래, 기회! 그들은 그 기회조차 갖기 힘들었던 것이다. 그들의 공연은 아직 비장애인과 경쟁할 만큼의 수준은 못 된다. 그러니 똑같은 기회가 주어지기는 힘들다. 그렇다고 확실한 지원이 있는 것도 아니니, 발전 가능성 역시 제한적인 것이 현실이다.

선수단들이 하나씩 입장하면서 드디어 개막식이 시작되었다. 감동적인 스토리와 함께 울려 퍼진 모세의 애국가는 보는 사람의 마음을 훈훈하게 했다.

　본격적인 공연과 함께 시작된 필로스 장애인 무용단의 군무는 무대를 한층 더 환하게 밝혀 주었다. 그들 중 몇몇은 외모에서 잘 표시가 나지 않아 지적 장애인인 것조차 눈치채지 못하는 관객들도 있었다. 국립무용단처럼 세련되지는 못해도 그들의 무용과 동작 속에는 열정과 땀, 환희가 배어 있었다.

　저 무대에 서기까지 얼마나 많은 노력이 있었을까? 아이들의 도전이 가능하도록 옆에서 힘을 실어 준 지도 선생님과 부모님들의 도전 또한 얼마나 힘겨웠을까? 모두에게 고개가 숙여지는 무대였다.

　흔히들 지적 장애인의 IQ가 70 정도이니 5~6세 수준에 맞춰 주면 되지 않을까 생각한다. 장애인 시설조차 성인 지적 장애인에게 동요만 틀어 주기도 한다. 하지만 절대 오산이다. 그들도 나이가 들면서 사춘기를 거치고, 생각이나 취향도 성숙해진다.

　공연 역시 그들의 나이에 맞춰 청소년, 성인 취향으로 가야 하는 것이다. 지적 장애인들을 가까이 접해 보지 않았던 공연 감독과 스태프들도 처음에는 무척 당황스러워했지만, 함께 시간을 보내면서 차츰 생각이 달라졌다.

　그렇게 해서 지적 장애인과 비장애인이 함께 어우러지는 뜻깊은 공연이 만들어졌다. 비장애인 전문가 팀이 주축이 되어 전체적인 틀을 잡으면서, 그 안에 지적 장애인 아티스트들이 실력을 선보일 수 있도록 배치했다.

국립국악관현악단은 지적 장애인 사물놀이패와 협연을 펼쳤고, 지적 장애인 난타 연주팀 '레인보우 두들소리'도 함께 열정적인 공연을 선보였다. 뮤지컬 갈라콘서트에서는 전문 뮤지컬 배우와 지적 장애인 아티스트들이 〈사운드 오브 뮤직〉의 선생님과 학생들 역할을 맡아 도레미송을 불러 관객들의 열띤 호응을 이끌어 냈다.

장애 어린이들로 구성된 '온누리 사랑 체임버' 오케스트라의 연주와 지적 장애 피아니스트 이관배 군의 독주도 가슴 뭉클한 감동을 안기며 큰 박수를 받았다. 또한 홀트 장애인 합창단과 영월 동강 장애인 합창단의 맑은 노랫소리는 관객들에게 따뜻한 미소를 짓게 했고, 박모세 군과 비장애인 아티스트들이 함께한 성악 앙상블도 멋진 무대를 만들었다.

가수 이상우 씨의 아들 승훈 군의 트럼펫 연주도 잊지 못할 공연이었다. 발달 장애를 앓고 있는 승훈이는 관현악단과 함께 〈오더 더 레인보우(Over the rainbow)〉를 연주할 예정이었다. 혹시라도 실수할까 봐 대기실에서도 연습을 계속하던 승훈이는 무대에 오르기 직전까지 트럼펫을 손에서 놓지 않았다.

드디어 오른 스페셜올림픽 특별무대. 객석에 앉은 모든 사람의 시선이 일제히 승훈이에게 집중되었다. 긴장감에 얼어붙은 승훈이는 연주를 시작하지도 못하고 가만히 서 있었다. 얼마간 어색한 정적이 흘렀다. 모두 안타까운 마음으로 승훈이를 바라보고 있었다.

서툴고 조금은 부족했지만,
지적 장애인들의 무대에는
마음을 울리는 뜨거운 무언가가 있었다.
완벽함보다 중요한 것,
그것은 우리가 함께 만들어 내는 '조화'였다.

무대에서 그 모습을 지켜보고 있던 아빠 이상우 씨가 승훈이와 눈을 마주치고는 괜찮다는 듯 웃어 주었다. 그리고 이내 연주를 시작하라는 사인을 보냈다. 호흡을 가다듬은 승훈이가 트럼펫을 입으로 가져갔다. 준비하고 있던 관현악단과 함께 연주가 시작되었다. 곧 긴장이 풀린 승훈이는 평소 실력을 유감없이 발휘했다. 기대 이상의 훌륭한 연주였다. 객석에서 열렬한 박수갈채가 쏟아졌다.

관객들은 지적 장애인들이 공연을 선보일 때마다 힘껏 박수를 치고 열렬히 환호했다. 완벽한 공연이라서가 아니었다. 서툴고 조금은 부족한 실력이지만 마음을 울리는 뜨거운 무언가가 분명히 있었다. 관객들은 그들의 무대에 깊숙이 젖어들었다. 음악을 통한 완전한 소통이었다. 완벽함보다 중요한 것, 그것은 우리가 함께 만들어 내는 '조화'였다.

결승선 앞에서
멈춰 선 이유

"조금만 더 가면 돼! 힘내요."
"파이팅! 뛰어, 좀만 더 뛰어!"

객석에서 안타까움 섞인 탄성과 응원의 박수가 동시에 터져 나왔다. 결승선을 코앞에 두고 갑자기 멈춰 선 선수 때문이었다. 혹시 다리에 쥐가 난 건 아닌지, 결승선을 통과해야 이긴다는 사실을 인지하지 못한 건 아닌지 염려와 걱정으로 관객들은 발을 동동 구르고 있었다.

스페셜올림픽에는 스노슈잉(Snow Shoeing)이라는 종목이 있다. 스노슈즈를 신고 눈밭을 달리는 경기다. 우리에겐 다소 생소하지만, 눈이 많이 내리는 북미나 유럽에서는 조깅이나 트레킹처럼 보편화된 레저 중 하나다. 스페셜올림픽의 예행연습이라고 할 수 있는 '프레대회(Pre-Olympic)'에서 이 스노슈잉 경기가 열렸을 때, 한 선수의 의아한 행동이 관중석을 술렁이게 만들었다.

"탕!"

출발 신호가 울리자, 준비하고 있던 선수들이 일제히 달리기 시작했다. 재빨리 치고 나가는 선수부터 서툴지만 한 걸음 한 걸음 조심히 내딛는 선수까지, 모두 나름대로 최선을 다하고 있었다. 그런데 선두에 있던 선수가 한참을 달리다 갑자기 자리에 멈춰 서는 것이 아닌가.

여기저기서 응원 소리가 터져 나왔지만, 그 선수는 연신 뒤만 돌아볼 뿐 앞으로 나갈 생각을 하지 않았다. 도대체 무슨 연유인지 몰라 전전긍긍하는 사람들의 마음을 아는지 모르는지, 그는 여유로운 미소까지 지으며 제자리를 지켰다.

이유는 곧 밝혀졌다. 뒤처져 있던 자국의 동료 선수가 곁에 다가오자, 비로소 그는 다시 달리기 시작했다. 동료와 '함께' 뛰기 위해 기다리고 있었던 것이다. 관중들 머릿속에 떠오른 의문의 물음표가 탄성의 느낌표로 바뀌는 순간이었다.

무한경쟁의 시대, 승자독식의 사회. 우리의 인생은 종종 생존 게임에 비유될 만큼 치열하고 각박하다. 승리 아니면 패배로 나뉘는 이 전장(戰場)에서 패자는 곧 낙오자가 된다. 패자에게는 어떤 기회도 주어지지 않는다.

살아남기 위해서는 짓밟고 올라서야 하고, 이기기 위해서 때로 편법도 서슴지 않는다. 옆도 뒤도 돌아볼 여유 없이, 오로지 1등이 되기 위해 눈에 불을 켜고 앞만 보고 내달린다. 조금이라도 뒤처지는 순간, 다른 누군가가 나를 제치고 뛰어갈 것이기 때문이다. 그것이 이 사회를 움직이는 게임의 법칙이다.

그런데 이 당연한 게임의 룰이 전혀 통하지 않는 곳, 그곳이 바로 스페셜올림픽이다. 승자도 패자도 없는 경기, 아니 승자도 패자도 있으나 그 구분이 무의미한 경기. 우리의 보통 상식으로는 이해되지 않는 경기가 스페셜올림픽 곳곳에서 펼쳐진다.

스페셜올림픽은 경기에 참가한 모든 선수가 승리의 기쁨을 누린다. 1등부터 3등이 메달을 목에 거는 것은 다른 올림픽과 같다. 하지만 순위권에 들지 못한 선수들도 가슴에 리본을 단다.

스페셜올림픽은 기록을 세우고 메달을 따는 것만을 목표로 하지 않는다. 엘리트 선수를 길러 내는 것보다는 운동을 통한 도전과 극복에 더 큰 가치를 둔다. 메달권 밖의 선수들에게 리본을 수여하는 것은 모두에게 박수를 보낸다는 뜻이다. 아니, 오히려 꼴찌가 가장 큰 박수를 받는 경기라고 이야기하기도 한다.

스페셜올림픽을 홍보하면서 '승자도 패자도 없는 경기'라고 했더니, 간혹 "지적 장애인은 메달의 의미를 모르는 것 아니냐?"고 묻거나 "메달 욕심이 없나 보다"라고 이야기하는 사람들이 있었다. 메달을 따놓고도 메달보다 리본이 더 예쁘니 바꿔 달라는 선수가 간혹 있기는 하다. 하지만 대부분의 지적 장애인 선수는 금메달을 따고 싶어 한다. 엄청난 승부욕으로 경기에 임하는 선수도 많다.

"이…… 길 수 있었는데…… 더 잘할 수 있었는데. 엉엉."

"이…… 흑…… 이기려고…… 진짜 열심히…… 흑흑."

스페셜올림픽 플로어하키(floor hockey) 3·4위전에 패한 우리나라 대표 반비팀은 어찌나 눈물을 흘리던지, 보는 사람들 마음이 짠해질 정도였다. 이탈리아 선수들도 마찬가지였다. 경기에서 지고 대성통곡을 하는 바람에 모두들 달래느라고 진땀을 뺐다. 금메달을 땄다고 아이처럼 좋아하던 베네수엘라 피겨스케이팅 선수의 모습도 눈에 선하다.

안간힘을 다해 뛰는 경기인데 어찌 승부에 초연할 수 있겠는가. 그들의 눈물과 웃음을 보며 생각했다. 최선을 다한 일에 합당한 결과를 얻고 싶어 하는 마음은 누구나 마찬가지가 아닐까. 금메달이 욕심나는 것은 당연한 일이다. 그들에게도 승부는 중요하다.

우리 딸 유나도 참 욕심이 많다. 자기가 맡은 일은 끝까지 해내려는 근성이 있다. 그런 만큼 능력의 한계에 부딪혔을 때 느끼는 좌절감도 큰 것 같다. 요사이 유나가 부쩍 학교 가는 것을 부담스러워한다. 가만히 들어 보니 수업이 힘들기 때문인 듯싶다.

실용음악과에서 드럼을 전공하는 유나는 전공 외에 다른 수업도 열심히 참여하려는 의욕이 크다. 그런데 아무래도 마음만큼 쉽지가 않나 보다. "유나야, 넌 드럼만 잘하면 돼" 하고 몇 번이나 다독여 줘도 제대로 수업을 따라가지 못하는 것에 대해 스트레스가 큰 것 같다.

스마트폰 메신저로 '엄마' 불러 놓고는 한참 후에야 '내가 아무리 노력해도 할 수 없는 것 같아' 하는 메시지를 보내오면 정말 마음이 짠해진다. 풀 죽은 유나 얼굴이 눈앞에 선하다.

결석 한 번 한 적 없는 유나는 성적 관리도 철저하다. 시험 공부를 열심히 하는 만큼 성적표에도 엄청 신경을 쓴다. 1학년 때 어떤 과목에서 C학점을 받고는 속상해하면서 이런 걱정까지 늘어놓았다.

"엄마, 장애인 학생은 점수를 따로 주는데 교수님이 그걸 모르시는 게 아닐까?"

장애인과 비장애인 학생은 성적평가 기준이 다른데, 비장애인 학생들과 합산해서 점수를 매긴 것은 아닌지 전전긍긍했다. "그런 걱정 할 시간에 노력을 좀 더 해봐" 하고 대꾸했지만, 얼마나 유나가 좋은 점수를 받고 싶어 하는지 잘 아는 터였다.

유나가 특출하거나 유별난 것이 아니라 대부분의 지적 장애인들은 일반인들과 똑같은 열의를 가지고 있다. 특히 경기 중 실수로 실력 발휘를 못 한 선수들은 그 사실을 받아들이기 무척 힘들어한다. 메달권을 예상했는데 그에 미치지 못하면 울고 떼를 쓰기도 한다.

경기 후 표정만 봐도 결과를 짐작할 수 있다. 특히 자폐 선수들은 경기 결과에 더 집착하기 때문에 성적이 안 좋을 경우 크게 좌절한다.

승패보다는 노력의 과정에
더 큰 의미를 두는 것이 스페셜올림픽의 정신이다.
메달권 밖의 선수들에게 리본을 수여하는 것은 모두에게
박수를 보낸다는 뜻이다.
아니, 오히려 꼴찌가 가장 큰 박수를 받는 곳이 바로
스페셜올림픽이다.

또한 그런 것을 남에게 드러내고 싶어 하지 않는 자존심도 강하다.

그러나 결과를 인정하고 좌절의 경험을 받아들이는 것도 하나의 훈련이다. 다만 무조건 결과에 승복하기를 강요하기보다는 충분히 다독여 준 다음 차근차근 설명해 주는 과정이 중요하다. 지적 장애인 선수의 눈높이에서 그 마음을 이해하고 다가가면, 좌절하고 실망했던 선수들도 서서히 마음을 풀고 결과를 받아들일 수 있게 된다.

우리의 역할은 지적 장애인 선수들이 스스로 한계를 딛고 일어나 도전하는 과정이 얼마나 값진 것인지 알고, 그 노력을 격려해 주는 것이다.

투게더 위 캔. '함께하면 할 수 있다'라는 스페셜올림픽의 슬로건은 단순히 사람들이 힘을 모으는 것만을 의미하지 않는다. 그보다는 서로를 배려하고, 더 나아가 서로를 섬길 수 있는 자세를 뜻한다.

우리 사회는 지나치게 경쟁적이다. 곳곳에 갈등이 있다. 함께하려 하지 않고 이기려고만 하기 때문이다. 섬기려 하지 않고 군림하려 들기 때문이다. 정치 구호에 지나지 않을까 회의했던 공존과 화합, 상생과 협력의 길에 대한 해답도 어쩌면 스페셜올림픽에서 찾을 수 있을지 모르겠다는 생각이 든다.

엄밀히 말해 스페셜올림픽에도 승자는 분명히 있다. 하지만 패자를 만들지 않는다. 이것이 우리에게 던지는 중요한 메시지다.

돌이켜보면 나도 참 승부에 목숨을 걸고 살았다. 어떤 상황에서든 지독히도 이기려 들었다. 말로는 상대편 이야기를 듣겠다고 하면서도 귀를 닫은 채 내 방법만 옳다고 버틴 것은 아니었는지, 내면의 지나친 신념이 표출되어 거부감을 준 적은 없었는지 돌아보게 된다.

공손하다는 평은 들어 봤지만, 진심으로 섬길 줄 안다는 이야기는 들은 적이 없는 것 같다. 예의는 갖추었으되 진정으로 나를 열지 않았던 것 아닐까? 이기는 것도 중요하지만, '어떻게' 이기는가가 더 중요하다는 사실도 몰랐다. 잘 이기는 것만큼 잘 지는 것 역시 중요하다는 사실 또한 몰랐다.

스페셜올림픽에 참가한 선수들 역시 이기고 싶어 한다. 그러나 오로지 이기기 위해 경기하지는 않는다. 뒤처진 동료를 기다려 함께 가는 길을 택한다. 배려를 통한 상생, 진정한 윈윈(win-win)의 의미를 그들은 알고 있다. 그것이야말로 스포츠, 나아가 인생에서 얻어야 할 값진 교훈이 아닐까.

그늘에서 피는
꽃들

 얼마 전 반가운 이메일이 도착했다. 몽골이 가입 의사를 표해 왔다는 스페셜올림픽 국제본부 이사의 소식이었다. 몽골은 그동안 스페셜올림픽에 한 번도 참여한 적이 없었는데, 평창 동계대회에서 처음으로 도입한 '스페셜 핸즈(Special Hands)' 프로그램을 통해 올림픽에 참가하게 됐다. '특별한 손'이라는 이름의 이 초청 프로그램은, 그간 동계 스페셜올림픽에 참가 기회를 갖지 못했던 7개국에 따뜻한 손을 내밀어 함께하자는 취지로 마련한 것이다.

 문득 몽골 선수들과 몽골 대표단의 얼굴이 떠올랐다. 몽골의 대표단장은 다운증후군 아이를 자녀로 둔 부모님이었다. 평창을 찾은 그들은 이런 대회가 있는 줄 몰랐다며 마냥 신기해했다.

 "이런 대회가 있었다니. 아이들이 좋아하죠? 그래, 좋아할 거야.

자기 노력을 사람들에게 보여 줄 기회가 흔치 않으니까."

"어머, 저 선수 좀 봐요. 얼음판에서 땀이 저렇게 흐르네. 진짜 열심이네요, 다들. 예뻐라."

어린아이처럼 해맑은 표정으로 경기 하나하나에 집중하는 모습이 인상적이었다. 열정이 넘쳤던 그들은 역시 본국으로 돌아가자마자 스페셜올림픽 가입을 실행에 옮긴 모양이다.

사실 몽골처럼 경제적·지리적으로 소외된 나라에 사는 지적 장애인들은 스페셜올림픽을 접할 기회조차 없다. 어느덧 동계대회만 10회를 맞이했지만 매번 참가하는 나라들만 오는 실정이다. 소위 잘사는 나라들이 참여하는 대회. 당장 먹고살기도 빠듯한 나라에서는 장애인 권익에 신경 쓸 여력이 부족할 수밖에 없다. 그렇기에 스페셜올림픽 참가 여부는 장애인에 대한 국가적 인식의 척도라고도 할 수 있다.

비장애인 중심의 사회에서 살아가는 장애인들은 사회적 약자로 소외될 수밖에 없는 것이 현실이다. 장애인 복지의 기반이 마련된 선진국은 그나마 제도나 인식이 나은 형편이지만, 저개발국가의 장애인들은 더욱 열악한 환경에 놓여 있다.

스페셜 핸즈는 이런 상황에 대한 인식에서 출발한 프로그램이었다. 여건상 스페셜올림픽에 참가하지 못했던 나라의 지적 장애인들에게도 이런 대회가 있다는 사실을 알리고 직접 경험할 수 있는 기회를 주고 싶었다.

우선 우리와 가까운 나라부터 찾아보기로 했다. 네팔, 몽골, 베트남, 캄보디아, 파키스탄, 태국, 파푸아뉴기니, 이렇게 7개국을 초청하기로 결정하고 편지를 보냈다. 하지만 적극적으로 참여 의사를 밝히는 곳은 많지 않았다. 결국 2012년 9월, 런던 패럴림픽에서 그들을 직접 만나 '특별한 손'을 내미는 기회를 만들어 보기로 했다.

패럴림픽이 열리고 있는 런던 올림픽파크. 우리에게는 생소한 장애인 올림픽에 관중들의 행렬이 끊이지 않았다. 런던 도심과도 꽤 떨어져 있는 주경기장은 주말이든 주중이든 상관없이 매일 저녁 8만 객석이 가득 채워졌다.

"와~~~~"

장애인 선수들을 향한 엄청난 응원과 박수 소리만으로도 관중들이 한마음 한뜻으로 경기를 보고 있다는 사실을 알 수 있었다. 경기 중은 물론 선수 소개방송 때도, 시상식 때도, 국가가 울려 퍼질 때도 어느 한 순간 예외 없이 열렬한 환호와 박수가 터져 나왔다.

팔다리가 없는 선수들의 경기를 보며 목이 터져라 응원하는 사람들의 모습은, 여느 올림픽 관람객과 다르지 않았다. 입장식에 참석한 여왕과 총리 등 VIP들도 인상적이었다. 두 시간이 넘게 진행되는 장애인 선수들의 입장을 지켜보며 처음부터 끝까지 박수를 쳐주는 모습이 그저 놀라울 따름이었다.

패럴림픽에 동행한 조직위원회 직원들과 함께 그 광경을 바라보면서 우리 모두는 뜨거운 희망의 에너지를 수혈받는 듯했다. 런던 경기장의 함성이 평창에서도 울릴 수 있기를 같은 마음으로 기원했다.

하지만 안타깝게도 런던에서 만난 몽골 장애인체육회장은 스페셜올림픽에 대해 잘 모르고 있었다. 그에 따르면 몽골은 장애인 체육과 장애인 정책이 막 시작된 초보적인 단계로, 지적 장애인에 대한 사회적 관심이 아직 미미한 상황이었다. 심지어 파푸아뉴기니의 장애인체육회장은 지적 장애인에 대한 개념조차 제대로 알지 못하고 있었다.

그런 그들을 스페셜 핸즈 프로그램에 초청하기 위해서는 밤낮으로 쫓아다니며 설득하는 수밖에 없었다. 무턱대고 선수단 숙소 근처로 찾아가 몇 시간씩 기다리기도 했고, 선수단을 만나기 위해 복잡하고 까다로운 절차를 거치며 온종일 뛰어다니기도 했다. 국회의원 시절 의원으로서 선수단을 방문할 때와는 전혀 달랐다.

아무도 관심을 보이지 않는 일에 힘을 쏟는 것은, 메아리가 돌아오지 않는 산에서 고함을 치는 기분이랄까. 외롭고 쓸쓸하고 막막했다. 하지만 '사명감'이 나의 쓸쓸함과 막막함을 채워 주었다. 그렇게 간신히 그들 앞에서 발언할 기회가 주어졌다.

"스페셜올림픽 참가만으로 지적 장애인에 대한 사회적 관심을 이끌어 낼 수 있을 거예요. 선수들에게도 긍정적인 영향이 많을 거고요."

어렵사리 얻은 기회를 놓칠 수 없다는 생각에 목소리에 힘이 들어갔다. 한국의 스페셜올림픽 조직위원장이라는 웬 낯선 여자가 무슨 뚱딴지같은 소리를 하는 건가 하는 표정으로 멀뚱히 쳐다보던 그 눈빛들이 아직도 생생하다.

"평창 스페셜올림픽에 선수 두 명 이상만 참가시켜 주신다면, 다섯 명가량 되는 대표단의 항공료와 숙식비를 일체 해결해 드리겠습니다."

스페셜 핸즈 프로그램이 스페셜올림픽의 성공을 좌우할 만큼 중차대한 것은 아니었다. 하지만 기왕 우리나라에서 개최하는 이상, 국내에서뿐 아니라 국제적으로도 스페셜올림픽 무브먼트를 확산하는 것이 중요했다. 그들은 스페셜올림픽의 존재 사실조차 잘 몰랐고, 그랬기에 그들이 바라던 제안은 아니었을지도 모른다. 하지만 스페셜올림픽 참석만으로도 많은 것이 바뀔 수 있었다.

사회는 하나의 사건을 계기로 성장한다. 지적 장애인의 개념조차 제대로 확립되어 있지 않은 나라가 스페셜올림픽 참가를 계기로 지적 장애인에 대해 관심을 갖게 된다면 그것은 장애인 인권과 복지의 출발점이 될 것이다.

스페셜 핸즈 프로그램을 통해 처음으로 동계대회에 참여하게 된 네팔에서는 "SOI(Special Olympics International) 국제본부에서 해야 될 일을 어떻게 한국이 나서서 했느냐"며 칭찬을 아끼지 않았다. SOI에서도 스페셜 핸즈를 정식 프로그램으로 도입하겠다고 나섰다. 말

당장 먹고살기가 빠듯한 나라에서는
장애인 권익에 신경 쓸 여력이 없을 수밖에 없다.
그래서 이번 평창 대회에서는 '스페셜 핸즈' 프로그램을 통해
여건상 스페셜올림픽에 참가하지 못했던
네팔, 몽골, 파키스탄 등 7개 나라에 먼저 손을 내밀었다.

하지 않았을 뿐, 방법을 잘 몰랐을 뿐 그 필요성은 모두가 느끼고 있었던 것이다.

런던에서 한국으로 돌아와서는 마음이 급해지기 시작했다. 스페셜 핸즈 대상 국가의 주한 대사들을 미팅하고, 그 국가에 주재하는 한국대사관에 협조를 요청했다.

스페셜 핸즈 프로그램의 목적이 선수 참여를 넘어 그 나라의 정책 변화를 꾀하는 데 있기 때문에, 각국에서 대표단을 파견할 때 반드시 정부 관료 출신이 한 명은 와달라는 조건을 내걸었다. 스페셜 핸즈가 일회성 이벤트로 끝나는 것은 아무 의미가 없기 때문이다.

그렇게 해서 우리나라를 찾은 7개국의 귀한 손님들은 모두 행복한 얼굴이었다. 스노슈잉장에서 뛰고 있던 네팔 선수는 추운 날씨 탓에 오들오들 떨면서도 하얀 눈밭을 보고는 아이처럼 좋아했다. 크고 까만 눈으로 환하게 웃는 모습을 보고 있자니 그간의 고생이 눈 녹듯 사라지는 것 같았다.

이 친구들에게 이런 기회를 줄 수 있어서 얼마나 보람된 일인지. 추워서 훌쩍거리는 네팔 선수의 콧물을 닦아 주며 엄마의 마음으로 그들을 응원했다.

대회 기간 중에는 선수들과 같이 아침을 먹으면서 한 번이라도 더 얼굴을 보려고 애썼다. 낯선 환경에서 불편하고 힘든 점은 없는지 내내 마음이 쓰였다. 대표단장들은 모두 입을 모아 고맙다는 말을 전해 주었다. 고마운 것은 도리어 우리였다. 그들의 한마디 한마디가 런던에서 겪은 마음의 갈등을 씻은 듯이 녹여 주었다.

하지만 마음 한편에 한 가지 아쉬운 점이 남아 있다. 북한 선수단과 함께하지 못한 것이다. 런던 패럴림픽에서 북한 선수단을 만나 설득하는 것은 중요한 목표 중 하나였다.

국회의원으로 일할 때도 대한민국 정부의 UN총회 북한인권결의안 참여 촉구 등에 관한 결의안을 대표 발의했다. 북한의 인권 문제는 정치적 차원에서의 인권보다는 장애인과 빈곤 아동, 여성 등 소외 계층에 대한 인권부터 시작해야 접근이 보다 쉬워진다는 것이 나의 개인적인 생각이다.

열악한 인권으로 비판받는 북한이 스페셜올림픽에 참여하게 된다면 인권 개선을 상징할 수 있는 좋은 계기가 될 것이라고 수차례 설득했다. 그러나 녹음기를 틀어 놓은 것처럼 반복하는 그들의 대답은 울림 없는 메아리 같았다.

"우리 민족끼리 잘 지내면 못할 것이 없지요."

누구를 만나도 같은 대답이었다. 하기야 한국에 대표단을 파견하는 것은 중요한 정치적 수단인데 정권 교체기에 누구와 대화하고 싶겠는가. 어차피 새 정부와의 수단으로 써야 하므로 쉽지 않은 제안이었다. 11월에 받은 그들의 대답은 예상대로였다.

그들과의 대화는 아직 숙제로 남아 있다. 열악한 환경 속에서 살아가는 북한 주민들 중에서도 가장 소외된 계층인 장애인의 삶이 얼마나 가혹할지 짐작만으로도 마음이 저리다.

사회의 가장 그늘진 곳, 어둡고 쓸쓸한 곳에 지적 장애인이 있다. 햇볕이 드리우지 않는 음지에 자리한 그들에게는 따뜻한 불빛이 절실히 필요하다. 그것은 우리가 먼저 손 내미는 것, 그들이 그 춥고 어두운 곳에서 따뜻한 세상으로 걸어 나올 수 있는 기회를 주는 것이다.

얼마 전 만난 어떤 선수의 어머니는 스페셜올림픽 경기장에서 수없이 울었다고 이야기했다. 아이가 환하고 따뜻한 세상 속에서 마음껏 뛸 수 있었던 것에 대한 기쁨과 감격의 눈물이었을 것이다. 그 아이들에게 이제 겨우 한 줄기 햇볕이 내리쬐었다. 우리 아이들이 그늘진 음지에서 쏟아지는 햇살을 향해 당당히 나올 수 있기를, 그날이 좀 더 빨리 오기를.

chapter 2

무릎을 굽혀야
눈을 맞출 수 있어요

"나의 시선이 아닌 아이의 시선으로 세상을 바라보니
한없이 행복으로 가득한 곳임을 알게 되었어요"

눈높이 사랑,
눈높이 행복

　스페셜올림픽의 '얼짱' 선수 현인아. 열다섯 살의 이 앳된 소녀는 쇼트트랙 3관왕을 차지한, 스페셜올림픽의 간판스타다. 뽀얀 피부에 오목조목한 이목구비가 돋보일 뿐 아니라, 170센티미터의 큰 키 덕분에 또래 친구들에 비해 제법 성숙한 분위기도 난다.
　지금은 훌쩍 자라 멋진 쇼트트랙 선수가 됐지만, 어렸을 적엔 자기만의 세계에 갇혀 있던 말 없는 아이였다. 생후 28개월에 자폐 진단을 받은 아이는 오래도록 세상에 발을 내디딜 엄두조차 내지 못했다. 인아의 엄마는 아이를 바깥세상으로 이끌어 내기 위해 부단히도 애를 썼지만, 번번이 실패했다.
　엄마의 오랜 노력은 작은 계기를 통해 빛을 보기 시작했다. 초등학교 2학년 때 현장학습을 간 실내 빙상장에서 인아는 처음 스케이트를 탔다. 그리고 그 사소한 경험은 이후 인아의 삶을 완전히 바꾸어 놓았다.

얼음판 위에서 인아는 한없이 자유로웠다. 세상에 거칠 것 없다는 듯 마음껏 내달리며 스케이팅을 즐겼다. 잘하는 것, 좋아하는 것이 생기면서 마음의 문도 함께 열린 것일까. 마음속에 단단히 벽을 쳐 놓았던 아이가 조금씩 사람들에게 다가가는 법을 터득해 갔다.

현인아 선수를 처음 만난 것은 2012년 여름, 히딩크 감독의 스페셜올림픽 홍보대사 위촉식에서였다. 하얀 원피스를 차려입고 온 그녀는 얼짱 선수라는 별명답게 참 예뻤다. 스노슈잉 우정령 선수와 함께 스페셜올림픽 선수 자격으로 위촉식에 참석한 그녀는 수많은 카메라와 취재진 때문인지 조금 긴장한 듯 보였다.

홍보대사만 참석하는 기존 위촉식과 다르게, 지적 장애인 선수들도 함께하여 스페셜올림픽의 의미를 보다 잘 전달하기 위해 마련한 자리였다. 그날 현인아 선수는 히딩크 감독에게 스페셜올림픽 배지를 달아 주었고, 우정령 선수는 감독의 목에 목도리를 둘러 주었다. 히딩크 감독이 두 선수에게 친필 사인한 축구공을 선물하는 순서도 마련되었다.

나중에 위촉식을 소개한 기사에 두 선수의 이름이 실린 것을 보고 무척 감격스러웠던 기억이 난다. 그전까지 언론에서는 지적 장애인 선수들을 '선수'라고 지칭하는 일이 드물었다. 하지만 위촉식 관련 기사에는 모두 '현인아 선수', '우정령 선수'라고 소개되어 있었다. 자신들의 이름 뒤에 선수라는 명칭이 붙은 것을 보고, 그들도 분명 기뻐했으리라.

사소한 일이라고 생각될지 모르지만, 언제나 도움을 받는 존재, 동정과 연민의 대상으로만 여겨져 온 지적 장애인들이 사회의 객체가 아닌 주체로, 당당한 구성원으로 인정받은 사례였다. 그러한 작은 계기들이 모여 우리나라 지적 장애인들의 인권을 한 단계씩 높여가는 것이리라.

개막 이후 현인아 선수는 스페셜올림픽의 유명 인사가 되었다. 간판스타라는 명성에 걸맞게 스페셜올림픽의 TV 캠페인 광고와 신문 광고, 동영상 광고까지 모두 출연했다. 유명 스포츠 스타들이 연예인 같은 끼를 발휘하는 것처럼, 그녀 역시 카메라 앞에서 어색해하지 않았고, 표정 연기도 곧잘 해냈다.

문제는 변덕이었다. 조금 촬영을 하다 보면 금세 산만해져서 그만하겠다고 떼를 썼다. 다음 촬영을 위해 의상을 갈아입을 때, 현장에서 아무렇지 않게 옷을 벗으려 해서 주변 사람들을 당황시킨 적도 있다.

겉보기엔 제법 숙녀 티가 나지만, 아직은 주위의 관심과 손길이 많이 필요한 어린아이였다. 매니저처럼 항상 곁을 지키고 있는 엄마는 그런 딸이 얼마나 조심되고 걱정스러울까. 그런데 엄마는 정반대의 말을 했다.

"욕심을 버리는 순간, 인아를 키우는 게 훨씬 행복해졌어요. 자고 싶으면 자고, 먹고 싶으면 먹고, 하기 싫으면 싫다고 말할 수 있다니 얼마나 좋아요. 인아는 걱정도 고민도 없는 아이예요. 정작 문제는 저였어요. 당사자인 인아는 행복한데, 저는 인아가 행복하지 않을 거라고 생각하면서 혼자 걱정하고 있었으니까요."

그녀는 '자폐를 앓기 때문에, 남들과 다르기 때문에, 평범한 사람들의 행복을 누리지 못하기 때문에 불행할 것'이라고 인아를 가엾게만 바라보았다. 하지만 시간이 흐르면서 그것이 얼마나 옹졸한 생각인지 깨달았다. 인아가 아닌 자신의 시선으로 인아의 세상을 바라보았던 것이 문제였음을, 인아의 시선으로 인아의 세상을 바라보니 한없이 행복으로 가득한 곳임을 알게 되었다.

"왜 한 번도 인아의 시선에서 바라보지 못했을까 하는 마음이 들더라고요. 세상에서 가장 가까운 사이임에도, 누구보다 잘 안다고 자부했음에도 오히려 가장 왜곡된 시선으로 인아를 바라본 건 아니었나 싶어요. 제 잣대로 판단하는 것이 아니라, 인아의 입장과 관점에서 보는 것이 무엇보다 인아에게 필요한 일이라는 걸 뒤늦게 안 거죠."

물론 이런 깨달음이 쉽게 얻어진 것은 아니다. 그 시간이 오기까지 숱한 시행착오를 겪어야 했다. 장애 아이를 키울 마음의 준비가 안 되어 있던 시절에는 무턱대고 감정부터 앞서기 일쑤였다. 사소한 일에도 신경을 곤두세우고 자주 야단쳤다. 인아의 마음을 들여다보기는커녕 자신의 마음을 다스릴 여유도 부족했던 때였다.

인아는 집에서 TV를 보다가도 보기 싫은 화면이 나오면 갑자기 소리를 질렀고, 식당에서는 한시도 가만히 앉아 있지 못하고 제멋대로 돌아다녔다. 지하철을 타면 어떻게든 사람들 틈을 비집고 앉으려 했다.

주변에 폐를 끼치는 것도 미안했지만, 더 힘든 것은 사람들의 시선이었다. 그 때문에 엄마는 인아에게 자주 화를 내고 큰소리로 나무랐다. "안 돼", "하지 마"란 말이 늘 입에 붙어 있었다.

그러던 어느 날 문득 '아이에게 너무 감정만 앞세우는 것이 아닌가' 하는 생각이 들었고, 조금씩 화를 참기 시작했다. 인아가 전처럼 떼를 쓰고 고집을 부려도 인상 쓰거나 화내지 않고 웃으며 넘기려 애썼다.

불쑥불쑥 치미는 감정을 삭이는 일이 생각처럼 쉽지는 않았다. 그러다 결국 병까지 생겼다. 갑상선 질환이었다. 화를 억누르는 것이 얼마나 큰 스트레스를 주는지 자각하게 되었다. 이래서는 아이에게도, 스스로에게도 결국 독이 될 수밖에 없음을 깨달았다.

그 일을 계기로 엄마는 마음을 바꿔 먹었다. 조급함을 버리고, 길게 내다보기로 한 것이다. 병이 생길 정도로 스트레스를 받으며 아이를 키울 수는 없었다. 물 흐르듯 생각하고, 아이를 있는 그대로 받아들이기로 했다. 말 잘 듣던 아이가 갑자기 변덕을 부려도 "인아가 지금 뭔가 맘에 안 드는구나" 하고 다시 차분해질 때까지 기다려 주었다. 그러면 아이는 곧 제자리로 돌아온다는 것을 세월을 통해 알게 되었기 때문이다.

인아가 7년이라는 긴 시간 동안 스케이트를 탈 수 있었던 것도 그 덕분이었다. 인아가 몇 년씩 걸려 겨우 익힌 기술을 비장애인 선수는 채 몇 달도 되지 않아 습득했다. 훨씬 늦게 시작한 선수가 금세 인아를 따라잡는 일이 허다했다. 속상한 마음에 아이를 닦달하기도 했다. 하지만 욕심을 버리고 나니 아이가 성장하는 것을 기다려 줄 여유가 생겼다. 그러지 않았다면 상대적 박탈감과 열등감에 엄마가 먼저 지쳤을 수도 있다.

인아를 혼내는 데도 스스로 원칙을 세웠다. 웬만한 일은 차분히 타이르고, 가급적 혼을 내기보다 대화로 아이를 가르쳤다. 인아가 막무가내로 고집을 부려도, 아이의 입장에서 아이가 진짜 원하는 것이 무엇인지 귀 기울이려 애썼다. 엄마의 잣대로 된다, 안 된다 단언하기보다 아이의 말부터 천천히 들어 보았다. 엄마가 변하자 아이도 달라졌다. 무턱대고 징징대거나 투정을 부리는 일이 점점 줄어들었고, 제대로 의사 표현을 하려고 노력했다.

스케이트를 탄 시간만큼 모녀는 부쩍 성장했다. 인아를 지켜보며 엄마는 기다려 주는 것이 가장 큰 교육임을 절감했다. 느리지만 차근차근 인아가 훈련해 가는 동안, 엄마는 스스로 마음 다스리는 법을 훈련한 셈이다.

인아 역시 많이 달라졌다. 그동안 배운 것은 스케이트만이 아니었다. 힘든 훈련을 버텨 내는 동안 쉽게 포기하지 않는 끈기와 참을성이 생겼다. 일단 시작한 일은 끝까지 해낸다는 근성과 오기도 생겼다.
　7년 전 인아에게선 상상도 할 수 없는 놀라운 변화였다. 인아가 이렇게 스스로의 틀을 깨고 조금씩 성장하는 것 같아 하루하루가 행복하다고 엄마는 말한다.
　부모는 아이를 키우며 함께 성장한다고 했던가. 나 역시 유나를 키우는 동안 마음속에 깊은 생채기가 생기고, 또 그만큼 단단한 굳은살이 박혔다. 상처에 대한 내성과 삶의 내공도 함께 쌓였다.
　유나로 인해 눈물과 감격이 켜켜이 쌓이는 동안, 인생을 바라보는 눈이 생기고 다른 사람을 이해하는 폭도 넓어졌다. 이전에는 미처 생각조차 해보지 못했던, 나와 전혀 다른 존재를 내 삶 속에 받아들이는 법도 배웠다.
　처음에는 그저 부정하고 싶었던 유나라는 존재를 긍정하고 나니 어떻게 키워야 할지 방법이 보였다. 아이와 함께 나아갈 길이 눈앞에 보이기 시작했다.
　인아 엄마의 행복도 인아가 행복한 삶을 살 수 있다고 믿은 데서 출발했을 것이다. 내 아이도 남들처럼 할 수 있다는 믿음, 아이의 입장에서 먼저 헤아려 주는 배려가 인아의 행복에 무엇보다 큰 기반이 된 것이다.

현인아 선수의 어머니는 말한다.
"욕심을 버리는 순간, 인아를 키우는 게 훨씬 행복해졌어요.
정작 문제는 저였어요. 당사자인 인아는 행복한데,
저는 인아가 행복하지 않을 거라고 생각하면서
혼자 걱정하고 있었으니까요."

'하려고 하면 방법이 생각나고, 안 하려고 하면 변명이 생각난다'는 말이 있다. 일을 하다가 고비에 부딪혔을 때 늘 되새기는 말이다. 긍정적인 마음은 단순히 할 수 있다고 믿는 데 그치지 않고, 나아갈 방향을 제시하고 실천할 힘을 준다. 된다고 믿으면 가능한 방법을 찾게 되고, 힘들어서 포기하고 싶은 순간에도 계속할 수 있는 에너지가 생긴다.

아이의 행복을 믿는 엄마는 아이가 세상과 소통하면서 살아갈 수 있는 다리 역할을 한다. 아이의 성장은 아이의 능력과 잠재력을 긍정하는 데서 시작되기 때문이다. 그리고 그것은 부모의 시선이 아닌, 아이의 눈높이에서 세상을 바라보려는 노력에서 비롯된다.

공존이라는 것, 더불어 살아간다는 것은 하나의 세계에 여러 사람을 욱여넣는 것이 아니라 여러 세계의 존재를 인정하고 존중해 주는 것이 아닐까.

스페셜올림픽의 목표는 선수들을 뛰어난 기량의 체육인으로 양성시키는 것이 아니다. 좁은 방 안에 갇혀 엄마하고만 소통했던 아이가 세상 밖으로 나와 사람들과 소통할 수 있는 연결 고리를 만들어 주는 것이 이 대회의 진정한 목표다.

실제로 스페셜올림픽을 거치며 지적 장애인 선수들에게 실질적인 변화가 나타났다. 맨 처음 트랙을 거꾸로 도는 실수를 했던 현인아 선수도 실전 무대를 거듭 경험하며 낯선 환경에 대한 적응력을 키워, 평소 실력대로 해 나갈 수 있었다.

　장애아니까 남들보다 부족하다는 부모의 생각이 아이의 한계를 만들고, 세상으로부터 아이를 보호하겠다고 친 울타리가 도리어 아이를 가두는 굴레가 될 수 있다. 우리 아이는 장애가 있으니까 불행할 것이라고 규정짓는다면, 엄마 자신도 모르게 아이의 인생을 불행한 방향으로 이끌고 있는지도 모른다.

　태어날 때부터 두 팔이 없고, 왼쪽 다리마저 절반밖에 없는 중증 장애인 레나 마리아(Lena Maria)는 말했다. 멀쩡한 신체를 가지고도 꿈을 위해 도전할 줄 모르는 것이 바로 장애라고. 그녀는 세계적인 가스펠 가수다.

　장애인은 아무것도 할 수 없다는 편견이 장애인을 만들고 있는 것은 아닌지, 그렇게 생각하는 우리야말로 생각에 장애가 있는 것은 아닌지 다시 생각해 볼 일이다.

밥 퍼주는 것만
봉사가 아니에요

　호르헤(Jorge)라는 스페인의 플로어하키 팀 선수는 밀가루가 들어간 빵을 먹으면 안 되는 특이한 질환을 앓고 있었다. 스페인처럼 빵을 주식으로 하는 나라에서는 글루텐이 들어 있지 않은 빵을 쉽게 구할 수 있지만, 우리나라에서는 구하기가 어려워 미리 '글루텐 프리(Gluten Free) 빵'을 공수해 왔다.

　그런데 대회 도중 준비해 놓은 빵이 다 떨어지고 말았다. 많은 경기를 남겨 둔 선수를 굶길 수 없었던 자원봉사자는 그 빵을 구하기 위해 강릉의 모든 빵집에 일일이 전화를 걸기 시작했다.

　대부분의 프랜차이즈 제과점에서는 공장에서 제조된 빵을 판매하기 때문에, 특별 주문이 불가능한 상황이었다. 마지막으로 전화를 건 곳은 젊은 사장이 운영하는 개인 빵집. 선수의 안타까운 사정을 들은 그는 밀가루를 넣지 않은 빵을 흔쾌히 만들어 주기로 했고, 호르헤 선수는 다행히 식사를 해결할 수 있게 되었다.

자원봉사자의 진심 어린 노력이 없었다면 불가능했을 일이다. 귀찮고 번거롭다고 외면했다면 스페인에서부터 한국까지 온 플로어하키 선수는 제 실력을 발휘할 기회를 놓치고 말았을 것이다. 자원봉사자로서 제 역할을 끝까지 해냈기에 선수와 스태프 모두 기쁨과 보람을 느낄 수 있었다.

스페셜올림픽은 이렇듯 각자의 자리에서 최선을 다한 이들의 도움이 모여 이뤄 낸 값진 결실이었다. 이렇게 '같이' 해준 사람들이 없었다면 과연 스페셜올림픽을 제대로 치를 수 있었을까.

맨손으로 시작한 일이었다. 조금의 과장도 없이 말할 수 있다. 스페셜올림픽은 아무것도 없이 시작한 대회였다. 맨 처음 국회에서 예산을 논의할 때부터 이해하는 사람이 거의 없었다. 장애인 올림픽인 패럴림픽에 이미 지원하고 있으니 스페셜올림픽에까지 예산을 편성할 이유가 없다고 했다. 조직위원회를 만들기 전 유치 신청서를 낼 때도, 강원도는 재정 상태가 좋지 않아 선뜻 나서 주지 않았다.

돌이켜보면 어떻게 그렇게 했나 싶을 정도로 아쉬운 소리를 입에 달고 살았다. 을(乙)로 사는 것이 쉽지는 않았다. 하지만 어쩔 수 없었다. 그러지 않고서는 스페셜올림픽을 해낼 수 없었으니까. 민폐를 끼치는 게 아닐까 싶어 송구스러운 마음이 컸지만, 그보다 큰 사명감이 그 뻔뻔함을 가능하게 한 용기를 줬다.

전직 국회의원이었으니 대회를 준비하는 데도 수월하지 않았느냐는 이야기를 듣기도 했다. 인맥이 있으니 전화 한 통이면 다 되는 것 아니냐고도 했다. 천만의 말씀이다. 배부른 투정처럼 들리겠지만 오히려 그런 것들 때문에 초반에는 어려움이 더 크게 느껴졌다.

사람들과 어렵게 약속을 잡고 일일이 찾아다니며 어려운 부탁을 해야 했다. 고개 숙이고 자존심을 굽혀야 하는 경우도 많았다. 어차피 궂은일 하겠다고 맡은 자리였으니, 그런 데 대한 아쉬움은 진즉에 접었다.

사실 정치인으로 일하는 동안 나의 가장 큰 약점은 남에게 부탁도, 거절도 잘 못하는 것이었다. 하루 일이십 분도 짬이 안 나는 스케줄을 소화하면서도 따로 전화가 와서 꼭 와달라고 하면 내 몸이 힘들면 되지 하고 어떻게든 얼굴을 비췄다.

반면에 내가 부탁할 일이 생기면 상대에게 큰 폐를 끼치는 것 같아 그렇게 마음이 불편할 수가 없었다. 혹시 나로 인해 곤란해지지 않을까 싶어 선뜻 입이 떨어지지 않았다.

누군가는 내가 판사였기 때문에 더 그랬을 것이라고 말했다. 스스로의 내적 기준과 잣대에 어긋남이 없는지 늘 고심할 수밖에 없는 자리가 판사이기 때문이다.

그랬기 때문에 스페셜올림픽을 처음 시작할 때도 고민이 많았다. 좋은 취지라고는 하지만, 내 딸이 장애인이라서 딸 때문에 하는 것 아니냐 하는 곱지 않은 시선도 있을 수 있기 때문이다.

유나 때문이라면 스페셜올림픽을 위해 뛰어다닐 시간에 차라리 유나와 같이 시간을 보내는 게 더 낫지 않았을까? 지적 장애인 올림픽을 개최하면서 정작 우리 딸에겐 신경 쓸 여유가 더 부족해졌다. 사람들은 그 진정성을 이해해 줄 수 있을까? 더 큰 고민도 있었다. 지금 우리나라에 스페셜올림픽이 진정 필요한가를 스스로 수없이 되물었다.

'부탁 결벽증'이라는 나의 한계를 벗어날 수 있었던 것도 스페셜올림픽이라는 진정성 있는 대의명분의 힘이었다. 선거 때라면 상상도 할 수 없을 일을 스페셜올림픽 조직위원장의 이름으로 해낼 수 있었다. 나 한 사람의 개인적 성공이 아니라 지적 장애인 공동의 성취를 위한 일이기에 기꺼이 고개 숙이고 도움을 청했다.

그중 가장 어려운 일은 예산 마련이었다. 넉넉지 못한 살림 탓에 조직위원장인 나로서는 돈을 구해 오는 일이 시급했다. 하지만 아무리 좋은 취지라 해도 무턱대고 지자체나 기업들을 찾아가 손을 벌린다는 것은 쉬운 일이 아니었다.

어느 기업의 간부는 "나 의원은 왜 이런 쓸데없는 일을 해서 기업에 부담을 주느냐"며 불편한 기색을 보이기도 했다. 섭섭하긴 했지만 그럴 수도 있겠다 싶었다. 적지 않은 돈을 잘 알지도 못하는 행사에 선뜻 내주기가 쉬운 일은 아니었을 것이다.

그런 만큼 대회의 성공도 간절했다. 스페셜올림픽을 잘 치러서 많은 사람의 생각이 바뀌고 사회적 변화가 생겨야 그렇게 모인 후원금들이 값지게 쓰이는 것일 테니까. 이 대회가 그냥 한바탕 축제로 끝나지 않게 하기 위해 대회 준비 기간 동안 무거운 책임감에 시달렸다. 예산은 아끼고 홍보는 극대화할 수 있는 방법을 찾으려 밤낮으로 고민했고, 그것은 결과적으로 우리 모두를 더 열정적으로 움직이게 하는 동인이 되었다.

올림픽 기간 내내 대회장 구석구석을 뛰어다니느라 정신이 없었다. 폼 잡고 가만히 앉아 있을 수 없었다. 최전선에서 세심하게 살피고 챙겨야 했다. 열심히 준비한다고 했지만, 미처 예상치 못한 일들이 곳곳에서 벌어졌다. 모든 일이 계획대로 되지만은 않았다. 무슨 문제가 발생하면 당장에 달려가서 해결점을 찾아야 했다. 그래야 이후 연쇄적으로 일어날 다른 문제들을 막을 수 있었다.

선수들 도시락도 다섯 번이나 먹어 봤다. 반찬이 적다는 불만을 듣고 직접 먹어 보니 밥이 반이나 남는 게 아닌가. 도시락 업체 사장님을 만나 얘기했는데, 이튿날에는 짜고 매워진 것이 또 문제였다. 서너 번을 바꾼 끝에 양도 맞고 간도 맞는 도시락을 선수들이 먹을 수 있게 됐다. 어느 하나 허투루 넘길 수 있는 일이 없었다.

이렇게 동분서주하며 정신없이 뛰어다니는데도 주변에서는 조직위원장으로서 활동하는 모습이 너무 언론에 비치지 않는다며 염려했다. 하다못해 선수들에게 밥 퍼주는 모습이라도 보여 줘야 열심히 일하는 티가 나지 않겠느냐고 했다. 그렇다고 취재진들을 불러 모아 놓고 밥 퍼주는 사진을 찍자니 선뜻 마음이 내키질 않았다. 그렇게까지 해서 꼭 생색을 내야 하나 싶었다.

고개 숙여 가며 돈 모아 오는 일보다 사람들 앞에서 밥 퍼주는 것이 정말 더 효과적일까? 내가 얼마나 열심히 일하는지 드러내려고 굳이 연출된 모습을 대중에게 보이는 것은 불필요한 요식 행위가 아닐까? 이런 답답함과 부담감을 토로했더니 어느 지인이 그런 말을 해주었다.

"남들한테 손 벌려서 돈 받아 오는 게 얼마나 어려운 일이에요! 아무리 대회 명목이라고는 하지만 그거 쉽지 않아요. 일손 거드는 봉사만 봉사가 아닙니다. 예산 마련해 오는 게 위원장이 할 수 있는 제일 큰 봉사 아닙니까. 나 위원장 아니면 그거 아무도 못 해요. 당당하게 이야기하세요. 이게 제일 중요하고 힘든 봉사라고."

그 말이 기운 빠졌던 나에게 얼마나 큰 힘이 되었는지 모른다. 그래, 내가 가장 잘할 수 있는 일을 하는 게 스페셜올림픽을 위한 가장 큰 봉사다. 육체적인 노력만이 봉사가 아니다. 그런데도 왜 나는 밥 푸고 청소하고 빨래하는 게 봉사라는 근시안적인 생각에 갇혀 스스로를 격려해 주지 못했을까?

봉사의 개념을 내 능력 한에서 최대한 감당할 수 있는 몫을 해내는 것이라고 확장해 본다면, 좀 더 가까운 데서부터 내가 할 일을 찾을 수 있지 않을까.

어느 광고에서 '같이의 가치'라는 카피를 본 적이 있다. 언뜻 보기엔 말장난 같아도 곱씹어 볼수록 깊은 뜻이 담긴 말이다. 함께한다는 것의 의미를 한마디로 잘 압축하고 있다. 그런데 우리는 흔히 '함께'라고 하면 한 가지 일에 모든 사람이 다 같이 동참하는 것이라 생각한다. 하지만 스페셜올림픽에서의 '함께'는 '따로 또 같이'의 의미로 확장된다.

나눔이나 봉사도 하나의 목표를 두고 각자 맡은 일을 제대로 해낼 때 비로소 그 가치가 있다. 저마다의 능력과 역할은 모두 소중하다. 큰 그림 속에 나눠진 각자의 부분을 자기 자리에서 정성껏 칠해 나갈 때 봉사라는 하나의 그림이 완성될 수 있다.

남들이 알아주지 않더라도 남들 앞에 생색내지 않더라도 내가 맡은 역할을 제대로 해내는 것, 나아가 스페셜올림픽에 참여한 모든 사람이 각자 잘할 수 있는 일을 적재적소에서 나누어 하는 것이 진정한 의미의 봉사가 아닐까? 나는 그렇게 결론지었다.

아무리 사소한 부분이라도 맡은 바 역할을 완수하는 것 또한 우리가 할 수 있는 최대한의 봉사다. 세상의 변화는 먼 데서 오는 것이 아니라 나의 작은 실천에서부터 시작된다.

꽃을 버려야
열매를 얻는다

"이번에 수치 여사 들어오면 선배랑 같이 단독 인터뷰 해보는 게 어때요? 여성 정치인 두 분이 대담 형식으로 얘기를 나눠 보면 좋을 것 같은데요."

스페셜올림픽 조직위원회의 초청으로 아웅산 수치 여사가 한국을 방문한다는 소식을 들은 어느 언론사의 후배가 전화를 했다. 최대 부수의 신문을 발행하는 곳이었다.

민주화 운동의 상징인 수치 여사의 첫 한국 방문이라 모든 언론의 관심이 집중된 터였다. 그렇기에 수치 여사의 인터뷰를 부탁하겠거니 예상했던 나로서는 의외의 제안이었다. 더군다나 대담 형식이라니, 수치 여사와 내가 여성 정치인이라는 대등한 입장에서 이야기를 나눈다는 것은 영광스러운 일이 아닐 수 없었다. 어떤 정치인에게라도 엄청난 기회임이 분명했다.

이후에도 수많은 언론사에서 인터뷰 요청이 쏟아졌지만, 가장 먼저 연락을 준 언론사 후배의 인터뷰 제안을 수치 여사 측에 전달했다. 혹시나 하는 걱정과 달리 그녀는 흔쾌히 수락했다. 그런데 이상하게도 내 마음이 개운치 않았다. 모든 언론이 취재 욕심을 내고 있는 상황에서 한 곳의 인터뷰만 응한다면, 나머지 언론사들은 스페셜올림픽을 외면하게 되지 않을까 걱정스러웠다. 수치 여사가 스페셜올림픽을 위해 한국을 찾았다는 사실이 주목받아야 하는데, 자칫하면 그녀의 방문 목적이 흐려질 수 있었다.

이 대담이 나 개인에게는 분명 득이겠지만, 스페셜올림픽에는 실이 될지도 모른다는 생각에 고민이 깊어졌다. 수치 여사의 다른 일정들 때문에 인터뷰 스케줄을 조정하는 사이, 팀 슈라이버 회장도 같은 의견을 전해 왔다. 고심 끝에 스페셜올림픽을 위해 초청했으니 거기에 집중하자고 결론을 내렸다. 사실 정치인으로서는 버리기 아까운 기회였다.

그러나 정치인이 아닌 조직위원장 나경원이 우선되어야 했다. 내 욕심을 버리자. 나를 비우자. 그 결과는 예상했던 대로였다. 어느 언론도 스페셜올림픽을 외면하지 않았다.

맨 처음 SOI에서 수치 여사를 평창 스페셜올림픽에 초청하자고 제안해 왔을 때, 사실 흔쾌히 대답하지 못했다. 민주화를 위해 투쟁해 온 그녀가 지적 장애인 대회에 온다면 불필요한 오해를 받지 않을까 걱정되었던 것이다. 하지만 수치 여사의 활동과 관심 영역들을 찾아보면서, 그녀가 민주화뿐 아니라 소외된 인권에 대해서도 관심이 많다는 것을 알게 되었다. 그렇다면 지적 장애인의 인권을 위한 스페셜올림픽과도 충분히 맞닿는 부분이 있겠다는 생각이 들었다.

공항으로 영접하러 가면서도 수치 여사가 과연 스페셜올림픽이나 지적 장애인에 대해 제대로 이해하고 있을까 염려되었다. 바쁜 정치인이다 보니, 세계 곳곳을 정신없이 다니다 보면 참여하는 행사마다 충분한 준비를 할 수는 없는 일이다. 하지만 얼마 지나지 않아 그녀가 스페셜올림픽에 대해 이미 파악하고 있으며, 대회의 의미와 취지도 충분히 이해하고 있음을 느낄 수 있다.

수치 여사는 생각 이상으로 지적 장애인의 인권과 스페셜올림픽의 의미에 대해 많은 고민을 갖고 있었다. "스페셜올림픽 덕분에 지적 장애인에 대해 더 많이 생각하게 되었다"는 그녀의 말은 무엇보다 의미가 깊다. 그것만으로도 절반의 성공을 거두었다고 생각한다.

수치 여사처럼 사회적으로 영향력 있는 인물을 이런 대회에 모시는 것은 두 가지 의미가 있다. 하나는 그가 대회에 보이는 관심을 통해 대중의 관심을 불러일으키는 것이고, 또 하나는 그가 대회에 참여함으로써 스스로 관심을 갖게 되는 것이다. 관심이 생기면 그와 관계된 일을 할 때 보다 적극적으로 임할 수 밖에 없다. 알지 못하면,

경험이 없으면 행동할 수도 없다.

스페셜올림픽 국제포럼인 '글로벌 개발 서밋'에서 수치 여사는 이런 말을 했다.

"누군가 그런 말을 했습니다. 지적 장애인의 삶은 스스로 키를 잡을 수 없는 배와 같다고. 물길을 따라갈 수밖에 없는 삶이라고. 고래를 만나면 파괴되고, 다른 배의 도움을 받을 수도 없다고 말입니다. 그 배와 같은 지적 장애인 친구들에게 권리를 주고, 자신의 미래를 계획할 수 있도록 꿈을 찾아 주어야 합니다."

이렇게 사회 유명인사가 지적 장애인에게 관심을 갖게 되면, 나중에 어떤 활동을 하든 연결 고리가 생겨 한 번 더 생각하고 관련된 일을 하는 계기가 된다.

비록 수치 여사와 정치인으로서 많은 이야기를 나누지 못했지만, 이번 스페셜올림픽을 통해 두터운 신뢰를 얻은 것은 또 다른 행운이다. 그녀는 베테랑 정치인다웠다. 언론을 대하는 태도가 무척이나 능숙했고, 카메라 앞에 서는 법도 잘 알고 있었다. 나와 단 둘이 있을 때는 소탈하고 편안한 사람이다가도, 취재진들 앞에서는 우아하고 도도한 아우라가 풍겼다. 그녀 고유의 이미지가 뿜어내는 신뢰와 권위를 곁에서 지켜보며 나도 모르게 감탄이 새어 나왔다.

글로벌 개발 서밋에서 연설을 한 뒤, 함께 차를 타고 스노슈잉장으로 이동하면서 잠깐 대화를 나눌 때였다. 그녀는 민주화와 함께 경제적 성장을 이룬 대한민국을 높이 평가하며, 자국에 대한 안타까움을 드러냈다.

"우리 미얀마도 좋은 때가 오겠지요. 우리 국민들도 편안하게 사는 날이 어서 와야 할 텐데……."

짧은 몇 마디 속에 나라에 대한 사랑이 진하게 담겨 있었다. 나라가 힘든 상황에서도 조금의 위축감 없이 강건한 자존심을 지키는 그녀를 보며 '이런 사람이 나라의 지도자구나' 하는 생각이 들었다. 그때 그 눈빛은 아직도 잊을 수 없다.

그녀는 서밋에서의 내 연설에 대해서도 깊은 관심을 표명했다. 유나의 이야기로 연설 내용을 푼 것이 인상적이었던 모양이다.

어느 날 유나가 대학을 졸업하면 결혼하고 싶다는 말을 했다. 뜬금없는 소리에 나는 웃으며 고개를 끄덕였지만, 속으로는 이런저런 걱정이 생기지 않을 수 없었다.

우리 유나가 정말 좋은 남편감을 구할 수 있을까, 결혼을 해서 저 스스로 엄마와 아내 역할을 잘 해낼 수 있을까. 평생 내가 데리고 사는 게 유나한테는 더 편할 텐데. 아기도 낳고 싶어 하는 유나는 우리 집안일을 돕는 아주머니한테도 미리 부탁을 해놓았단다. "내가 나중에 아기 낳으면 아줌마가 좀 도와주세요" 하고.

어느새 다 커서 이런 얘기를 하는 유나를 보고 있자니, 기특하고 대견하면서도 마음 한구석으로는 더 큰 걱정이 밀려든다. 결혼 생활을 꿈꾸는 것이 당연한 나이인데도 나는 아직 그런 유나를 당연하게 받아들일 수만은 없나 보다. 혼자서 라면 하나도 못 끓이는 녀석이 과연 할 수 있을까.

올해 어버이날에는 카네이션 꽃바구니를 사 갖고 속상한 얼굴로 들어오는 게 아닌가. 4,500원이라고 해서 만 원짜리를 냈더니 500원밖에 거슬러 주지 않더란다. "유나야, 아저씨가 9,500원이라고 한 걸 네가 잘못 들었을 거야. 이런 꽃바구니면 4,500원은 너무 싸잖아. 500원 거슬러 받는 게 맞아" 하고 달랬더니 그제야 안심하는 얼굴이다.

다 늦은 저녁, 떨이로 파는 카네이션은 유나 말대로 4,500원이었을 수도 있다. 평소 셈이 흐린 탓에 혹시나 손해 보지 않을까 늘 경계하는 유나를 볼 때마다, 내가 언제까지 곁에서 돌봐 줄 수 있을까 마음이 저릿하다.

유나가 과연 남들처럼 결혼도 하고 아이도 낳으면서 제 힘으로 살아갈 수 있을까. 그래도 이제 성인이 된 유나가 홀로 설 수 있도록 나는 옆에서 응원하고 도와줘야 하는 게 아닐까. 모순된 두 마음이 내 안에서 부딪쳤다. 그러나 언제나 같은 결론에 이른다. 유나가 행복해지려면 스스로 원하는 삶을 살 수 있게 도와주어야 한다고.

글로벌 개발 서밋 오프닝 스피치에서도 그런 이야기를 했다. 우리의 눈높이가 아니라 지적 장애인들의 눈높이로 바라보자고, 그들의 소리에 귀 기울여 우리가 아닌 그들의 입장에서 필요한 정책을 만들어야 한다고 말이다.

그런데 갑자기 수치 여사가 유나를 꼭 만나 보고 싶으니, 지금 행사장으로 데려올 수 없느냐고 나에게 부탁했다. 그녀의 자상함을 엿볼 수 있는 대목이다. 아마 엄마로서의 공감대가 있었던 것이 아닐까?

그런데 자기 일에 성실한 우리 유나는 내 전화를 받고는 바쁘다며 거절해 버렸다. 이번 방한 때 수많은 한국의 리더들이 수치 여사와 만나기를 원했다. 그런 그녀와의 만남을 거절한 거의 유일한 한국인이 유나가 아닐까 한다.

이미 오래전부터 준비한 일이었지만, 대회를 진행하는 동안 스페셜올림픽을 정치적 수단으로 삼는 것 아니냐는 오해부터 조직위원장 자리가 이른바 '얼굴 마담' 역할이 아니냐는 편견까지, 서운하고 때로 비통한 심정으로 견뎌 내야 했던 순간이 한두 번이 아니었다. 속이라도 꺼내서 보여 주고 싶을 만큼 답답했던 적도 많았다. 대회를 위해 동분서주하면서도 마음 한구석엔 그런 안타까움이 깊게 배어 있었다.

기대 이상으로 대회가 잘 치러지자 심지어 "정치적 재기의 발판을 만들었다"거나 "다 죽은 나경원이 멋지게 살아났다"는 평을 했다. 예상치 못했던 것은 아니지만 나도 사람인지라 하나같이 그런 말을 한다는 사실에 섭섭함이 밀려왔다. 그럴 때마다 난 '그건 아닌데' 하고 마음속으로 외쳤다.

수치 여사와의 대담이 정치인 나경원에게는 득이겠지만,
스페셜올림픽을 위해서는 실이 될지 모른다는 생각이 들었다.
고심 끝에 단독 대담 제안을 거절했고,
그 덕분에 어느 언론사도 스페셜올림픽을 외면하지 않았다.

스페셜올림픽을 준비하며 나는 스스로에게 이 점을 분명히 했다. 정치인으로서의 나를 버리고 비우지 않으면 올림픽이 성공할 수 없다는 것을. 내 욕심이 우선하는 순간, 대회는 뒷전으로 밀려나고 말 것이라는 것을.

스페셜올림픽 6개월 전부터 인터뷰를 원하는 모든 매체에 응했다. 적극적으로 도와 달라고 부탁도 했다. 가능한 한 많은 사람에게 보여 주어야 관심이 생기고 감동도 생길 것 아닌가.

대통령 선거 기간과도 맞물려 언론에서는 나를 인터뷰하는 데 관심을 보였지만, 문제는 스페셜올림픽보다 정치와 더 연관을 짓는다는 데 있었다. 방송국이 보내온 질문지에선 정치 관련 내용이 맨 마지막 한두 개뿐인데, 막상 출연해 보면 사회자는 전혀 다른 질문지를 들고 있었다.

정치 관련 질문에는 최대한 입을 닫거나 뉴스화되지 않는 선에서 답을 했다. 생방송에서는 이런 전략이 통하기도 했지만, 녹화 방송의 편집까지 손쓸 도리는 없었다. 그래도 홍보 기회가 생기는 대로 부지런히 뛰어다녔다.

하지만 대선이 끝나고 별다른 이슈가 없는데도 스페셜올림픽에 대한 관심은 도무지 생겨나지 않았다. 개막식은 한 달 앞으로 바짝 다가오고 있었다. 이래서는 선수들만의 잔치로 끝나겠다는 조바심에 마음이 급해졌다. 그렇게 되면 적지 않은 돈을 들여 우리나라에서 이 대회를 치르는 의미가 없게 된다.

TV 프로그램을 통해 스페셜올림픽을 알리면 홍보 효과가 클 것 같아 방송 출연도 준비했다. 오래전에 섭외가 되어 있었던 KBS의 예능 프로그램이었다. 그런데 인터넷상에서 일부 매체가 문제를 제기했다. 나를 위한 '해명 프로그램'이라는 것이다. 질문에 따라 서울시장 선거 때의 이슈에 대해 딱 한 번 언급한 것을 두고 거기에 초점을 맞춰 강하게 비판했다.

처음부터 끝까지 방송을 본 사람이라면 내가 스페셜올림픽을 이야기하기 위해 나왔다는 것을 알 수 있었을 것이다. 연이어 출연한 아침 방송까지도 같은 오해를 피할 수 없었다. 그런 마음까지 돌릴 수 있는 힘이 나에게는 부족했다.

대회 중에도 언론 관계자들에게 선수들 이야기를 하나라도 더 소개해 달라고 열심히 부탁하고 다녔다. 스페셜올림픽의 주인공은 우리 선수들이기에 그들에게 스포트라이트가 가는 것이 무엇보다 중요했다. 선수들이 조금이라도 더 부각되고 관심받을 수 있도록 나는 한발 물러섰다.

'나무는 꽃을 버려야 열매를 얻고, 강물은 강을 버려야 바다에 이른다.'

우연히 접한《화엄경》의 한 대목이 마음을 어루만진다. 무언가를 얻기 위해서는 지금 내가 가진 것을 버릴 줄 알아야 하는 법이다. 욕심을 버리고 마음을 비우면, 소중한 무언가를 그만큼 채울 수 있다.

이름을 낮추자 오히려 대회가 부각되고, 사사로운 욕망을 비운 자리에는 비로소 사람들의 관심이 채워졌다. 화엄경의 진리가 멀리 있지 않았다.

엄마가 한 번씩
다 안아 줄까?

"위원장님, 자원봉사자들 불만이 이만저만이 아닌 모양입니다. 요구 사항을 들어 달라고 지금 모두 모여 있는데요, 일단 사무총장이 가서 이야기를 들어 보겠다고 합니다."

스페셜올림픽 개막식이 열린 다음 날 저녁, 대회 이틀 만에 자원봉사자들의 불만이 속출하고 있다는 이야기가 들려왔다. 공교롭게도 VIP 만찬이 예정되어 있던 날이었다. LA 시장이 주최하고, 말라위 대통령 등 많은 VIP들이 참석하는 만찬이라, 각국의 손님들을 초대한 조직위원장으로서 빠질 수 없는 자리였다.

그렇다고 자원봉사자들이 불만을 성토하고 있다는데 모른 척할 수는 없었다. 1,700여 명의 자원봉사자들이 얼마나 성심성의껏 본인의 역할을 해주느냐에 대회 운영의 성패가 달려 있었기 때문이다. 뿐만 아니라 외부에서 참여한 자원봉사자들의 평가는 가장 객관적인 것이라 할 수 있기에 그만큼 외부로 미치는 파급력이 크다. 현장에 있는 자원봉사자들이 어떤 점수를 매기느냐가 가장 중요한 것이다.

고민 끝에 VIP 만찬을 포기하기로 했다. 고위급 손님들을 대접하는 것보다 자원봉사자들을 대우하는 것이 중요하다는 생각이 들었다. 만찬장을 뒤로하고 자원봉사자들이 모인 장소로 급히 발걸음을 옮겼다.

모두 어두운 얼굴이었다. 오죽 답답했으면 행사 이틀 만에 불만을 토로하겠다고 나섰을까 싶어 미안한 마음이 앞섰다. 한 시간 가까이 의견을 듣고 이야기를 나누었다.

"숙소가 너무 열악해요. 시설이 안 좋아서 생활하기가 불편합니다."

"버스 배차 간격도 너무 길어요. 차를 놓치면 다음 차가 오기까지 한참을 기다려요 해요."

그래도 여건상의 문제는 개선하기 그리 어렵지 않은 부분이었다. 가장 큰 문제는 감정적인 부분이었다.

"자원봉사자는 선수와 관객들을 위해 도움을 주러 온 사람이지, 심부름꾼이 아니에요. 아랫사람처럼 부리거나 하대하는 태도는 좀 고쳐 주셨으면 합니다."

간혹 조직위원회 직원이나 선수 중 몇 명이 자원봉사자를 너무 편하게 여기는 바람에 마음을 다치게 한 모양이었다.

어느 대회든 자원봉사자들에게 일을 제대로 배분하고 좋은 여건을 제공해 주기가 무척 어렵다. 자원봉사자들과 내부 직원들 사이에 갈등이 생기는 경우도 종종 있다. 그런 점을 대비해 조직위원회 직원들에게 미리 협조를 구하고 양해를 다짐했던 터였다.

우리 식구들이야 불편한 점이 있어도 스스로 감수할 수 있지만, 바깥에서 우리 일을 돕기 위해 온 사람들은 섭섭한 마음이 생길 수 있다. 그렇기에 처음부터 주의할 점을 공유하고 다들 각자 나름대로 애를 썼는데, 이런 일이 불거지자 부끄럽고 안타깝기 그지없었다.

그날 저녁, 자원봉사자들의 여러 가지 요구 사항을 듣고 즉각 조치를 취했다. 해결할 수 있는 부분은 바로 시정을 약속했고, 시정이 어려운 부분은 최대한 양해를 구했다. 자원봉사자들이 가장 불편해했던 숙소는 회의가 끝나자마자 일차적으로 개선했다.

다음 날 자원봉사자들은 한달음에 달려와 반가운 얼굴로 감사의 말을 전했다. 활짝 웃던 그 얼굴들이 어찌나 고맙고 예쁘던지. 직접적인 소통이 얼마나 중요한지 다시 한 번 절감했다.

숙소 문제는 해결되었지만 그럼에도 섭섭하거나 부족한 점이 많았을 것이다. 그러나 중요한 것은 소통하는 과정에서 그들의 이야기를 소중하게 여기고 귀담아 듣는 태도가 아니었을까. 자원봉사자를 '부리는 사람'이 아니라 '모시는 사람'으로 여기는 자세 말이다.

스페셜올림픽이 진행되는 과정은 자원봉사자들이 변화하는 과정과 같았다. 처음에는 지적 장애인이 낯설고 어떻게 대해야 할지도 잘 몰랐다. 하지만 시간이 흐르면서 지적 장애인과 점점 가까워지며 정을 나누었고, 그러면서 자신이 맡은 일의 의미를 깨닫고 보람과 긍지도 느끼게 되었다.

자원봉사자 한 사람 한 사람이 이루는 변화는 대회 전체로 보았을 때 엄청난 발전이자 성과다. 스페셜올림픽의 궁극적 목표라 할 수 있는 사회적 인식 변화의 첫걸음이라는 값진 의미도 있다.

대회에 참가했던 선수단들이 정말 열심히 했다고 자원봉사자들을 칭찬하는 것을 보며, 그들이 얼마나 진심을 다해 애썼는지 느낄 수 있었다. 얼마나 이 대회에 녹아들었는지 우리가 정말 한 식구라는 마음이 들 정도였다. 그들과 가슴 찌릿하게 통했던 그 순간을 아직도 잊을 수 없다.

대회가 거의 막바지에 이르렀을 무렵이었다. 여느 때처럼 자원봉사자실에 들른 내게 한 여학생이 다가왔다. 그러더니 "우리 엄마 같아" 하면서 나를 와락 끌어안는 게 아닌가. 열흘 넘게 떨어져 지낸 엄마가 보고 싶다면서. 자원봉사 교육을 위해 대회 전부터 집을 나와 생활하다 보니, 엄마 생각이 났던 모양이다. 그걸 보고는 옆에 있던 다른 자원봉사자들도 우르르 몰려와 나를 껴안았다.

갑작스럽긴 했지만 왠지 모를 뭉클함에 "엄마가 한 번씩 다 안아줄까?" 하면서 서른 명쯤 되는 대학생들을 한 명씩 꼭 끌어안았다. 품속에서 느껴지던 그 따뜻한 기운. 하나하나 안을 때마다 가슴속에 퍼지던 안쓰러움과 기특함. 정말 한 명 한 명 다 내 자식 같은 마음이 들었다.

힘들 때 제일 먼저 생각나는 사람, 기대고 싶고 의지하고 싶은 사람. 엄마란 그런 존재다. 자원봉사자들이 그 순간 나를 엄마로 불러 주었다는 것이 그렇게 고마울 수가 없었다.

사회생활을 하면서 나는 한 번도 그런 이야기를 들어 본 적이 없었다. 깍쟁이 같아 보이는 인상 때문에 푸근하고 편안한 엄마보다는 커리어우먼 이미지가 강했던 것이 사실이다. 고백하자면 그런 점에서 개인적으로 콤플렉스도 있었다. 그런 나를 보고 엄마 같다고 불러 주는 것이 너무나 생소하고 낯설면서도 눈물 나도록 반가웠다. 조직위원장이 아닌 인간으로서 얻은 정말 따뜻하고 소중한 기억이다.

대회 마지막 날, 그동안 고생해 준 자원봉사자들을 위한 뒤풀이를 마련하고 싶었다. 이때가 아니면 다시 다 같이 모이는 것이 쉽지 않을 것 같았다. 예산도 물량도 다 부족해 쉽지 않았지만, 주변 인맥을 총동원해 겨우겨우 해결해 나갔다.

폐막식 장면부터 모여서 같이 보고, 대회가 끝난 뒤 뒤풀이를 하려고 보니 저녁 식사가 문제였다. 원래 자원봉사자 숙소에서 식사를 하는데, 뒤풀이 장소와 거리가 있어 밥을 먹으러 갔다 올 수가 없었다. 다행히도 1,500여 개의 햄버거를 기부 받아 자원봉사자들의 저녁을 해결할 수 있었다.

뒤풀이 행사도 벼락치기로 준비를 마쳤다. 2~3일 앞두고 급하게

스페셜올림픽이 진행되는 과정은
자원봉사자들이 변화하는 과정과 같았다.
처음에는 지적 장애인이 낯설어
어떻게 대해야 할지 몰랐던 친구들이 정을 나누고
가까워지며 자신이 맡은 일의 의미를 깨달아 갔다.

부탁했는데도 이문세 씨와 이창명 씨가 흔쾌히 재능 기부를 해주겠다고 나섰다. 그 감동과 고마움은 어디에도 비할 수 없을 정도였다.

자신들을 위해 준비된 무대를 보며 자원봉사자들은 뜨겁게 호응했다. 〈붉은 노을〉 노래를 목이 터져라 따라 부르며 다 함께 뛰었다. 진행을 맡았던 이창명 씨는 다른 공연팀까지 불러 와 멋진 공연을 보여 주었다.

스페셜올림픽이 큰 사고 없이, 좋은 평가를 받으며 잘 끝날 수 있었던 것은 자원봉사자들의 노력 덕분이었다. 또한 조직위원회 직원들 모두가 자원봉사자들의 수고에 고마움을 갖고, 더 좋은 여건에서 일할 수 있도록 배려하고 소통하려 애써 주었기에 가능한 일이었다.

지금도 봉사자들 중 일부와 가끔 연락하는데, 올 여름 뮤직페스티벌에서도, 수원에서 열린 스페셜올림픽 국내대회에서도 그들과 함께 좋은 행사를 만들 수 있었다. "저, 평창에도 갔었어요" 하는 친구를 만나면 얼마나 반가운지 모른다.

오래전, 故 김대중 대통령이 들려주셨던 말이 떠오른다. 18대 총선을 나가기 직전, 당대표 비서실장이었던 내가 신년 인사를 드리러 찾아갔을 때였다. 지역구 선거운동을 위해 유권자를 만나면 그 사람을 내 주인이라 생각하고 섬기라는 말씀을 해주셨다. 본인도 그랬노라고. 손을 한 번 잡더라도 그 순간 진심으로 그 사람에게 모든 것을 쏟는다는 마음을 담으라는 뜻이었다. 오래 정치 생활을 이어 온 대정치인도 그러한 겸손함으로 국민을 대하셨구나 하는 생각이 들었다.

　가장 아래에 있는 사람을 가장 귀하게 대하는 것. 높고 낮음을 떠나 모든 존재를 중하게 여기는 것. 내가 온 마음을 다하면 상대도 그것을 느끼고 마음으로 다가온다. 존경은 존중에서 나온다는 말도 있지 않은가.

　한 집단의 리더가 조직의 구성원들 위에서 군림하고 명령하는 것이 아니라 수평적이고 대등한 관계로 존중하고 대접해 주면, 그들 역시 존경과 신뢰로 리더를 따른다. 마음은 서로 주고받는 것이기 때문이다.

　서로가 자신을 낮춰 상대를 섬긴다는 마음가짐. 그것은 각기 다른 사람들이 모여 스페셜올림픽이라는 공동체의 조화를 이룰 수 있었던 가장 큰 원동력이었다.

'도움'과 '나눔'의 차이

스페셜올림픽이 끝난 요즘, 사람들에게 밥을 사고 감사 전화를 돌리느라 분주하다. 대회가 끝나면 좀 한가해질 줄 알았더니 오히려 그 이상으로 바쁜 것 같다. 대회를 준비하고 진행하는 동안 주변 사람들에게 진 빚을 갚느라, 하루 24시간이 모자랄 지경이다.

십시일반 도움이 없었더라면 애초에 불가능했을 일이다. 각계각층의 사람들이 기꺼이 자기 일처럼 나서서 마음을 나눠 주지 않았더라면, 스페셜올림픽은 개최 그 이상의 의미를 거두지 못했을 것이다.

좋은 취지로 시작한 일이었지만 성공을 자신할 수는 없었다. 사람들이 잘 알지도 못하는 지적 장애인 대회, 그것도 서울에서 세 시간이나 떨어진 곳에서 열리는 행사에 선뜻 호응하고 참여해 줄까 의문이었다.

그러나 기우였다. 모두들 집안 잔치라도 열린 것처럼 팔을 걷어붙이고 나섰다. 하나같이 제 몫의 두 배, 세 배 역할을 해주었고, 주머니에서 뭐라도 하나 더 꺼내 주지 못해 안달이었다. 자기가 조금 더 가진 것들을 사람들과 나누는 데 주저하지 않았다.

유명인들의 재능 기부부터 기업체와 공공단체, 종교단체의 전폭적인 지원, 크고 작은 여러 단체들의 자발적 참여까지 수많은 이들의 나눔이 있었기에 스페셜올림픽은 실현 가능한 일이 되었다.

가장 먼저 떠오르는 이는 스페셜올림픽의 개·폐막식을 총괄한 기타리스트 이병우 감독이다. 장애인, 사회적 소외계층을 위한 단체 '사랑나눔위캔'(이하 위캔)에서부터 아이들을 가르쳐 온 이 감독은 지적 장애인들과 어떻게 소통하는지, 그들이 무엇을 원하고 무엇을 힘들어하는지를 잘 알고 있었다. 그야말로 지적 장애인 아티스트들의 무대를 꾸려 나갈 적임자였다.

그는 '함께하는 도전'이라는 스페셜올림픽 주제에 맞춰 개·폐막식의 전체적인 스토리라인을 만들고, 어떻게 해야 전 세계 관중들에게 감동을 주고 나아가 지적 장애인에 대한 인식 개선을 도모할 수 있는가 하는 부분까지 고민해 주었다.

'위캔' 때부터 무보수로 재능 기부를 해왔던 이 감독은 이번에는 거기서 그치지 않고 나눔을 전파하며 여러 곳에서 '재능 기부 품앗

이'를 받아 오는 능력까지 발휘했다. 마음이 없으면 절대 하지 못할 일이다. 공식 주제가를 불러 준 가수 이적과 개막식 동영상을 정말 재미있게 만들어 준 서정완 CF감독 모두 그가 스페셜올림픽으로 이끈 아티스트들이다.

스페셜올림픽위원회 이사인 '피겨의 전설' 미셸 콴 선수도 누구보다 앞장서서 열심히 해주었다. 심지어 신혼여행까지 중단하고 기꺼이 달려와서, 폐막식 때 김연아 선수와 멋진 공연을 보여 주었다. 와 준 것만도 감사한데, 아침부터 밤까지 몸을 아끼지 않고 구석구석 자기 역할을 다해 주는 그녀가 얼마나 예뻤는지 모른다. 이 대회에 얼마나 애정이 깊으면 그렇게까지 할 수 있을까.

고마운 마음에 결혼을 축하한다는 카드와 작은 선물을 전했더니 긴 답장까지 손수 써서 보내 주었다. 스페셜올림픽을 통해 여러 번 만난 덕에 이제는 동생처럼 편하게 느껴진다. 얼굴이 한국 사람과 비슷해서 같이 대화하다 나도 모르게 한국말이 불쑥 튀어나오기도 한다. 언젠가 한번은 행사장에 똑같이 빨간 재킷을 입고 와서 우리 둘이 통했다며 반가워했던 적도 있다.

미셸 콴 선수는 사회와 국가, 나아가 세계에 기여할 수 있는 공익적인 활동에 관심이 크다. 스페셜올림픽에 열성인 것도 그런 이유에서다. 세계적인 스포츠 스타라는 후광을 누리며 편안히 살 수도 있을 텐데, 현역 생활이 끝난 뒤에도 자신의 영역을 넓혀 가는 모습이 정말 대단해 보인다.

미셸 콴을 존경하는 김연아 선수도 그녀를 롤모델 삼아 스페셜올림픽의 홍보대사로 참여하고, 폐막식 무대에도 함께 서주었다. D-365 행사 참석부터 후원금 모집을 위한 홍보 동영상 촬영, 사인회, 트윗자키 활동, 지적 장애인 선수들을 위한 원 포인트 레슨 등 많은 도움을 주었다.

스페셜올림픽 이후 진행한 여론조사에서 스페셜올림픽 하면 가장 먼저 떠오르는 사람 1위가 김연아 선수였다는 것은 그만큼 열심히 김 선수가 참여했다는 뜻일 것이다. 초반에는 스페셜올림픽 참여가 처음이라 조금 어색해 보였지만, 여러 행사를 같이 하며 지적 장애인들과도 자연스럽게 어울리게 되었다.

유나와도 재미있는 에피소드가 있었다. 개막 전 청계천에서 걷기대회를 했는데, 유나도 운동 삼아 행사에 참여했다. 걷기 대회를 마치고 이어진 행사에서 사회자가 무대 위로 부르자 김연아 선수가 쭈뼛대며 어색해하고 있는데, 유나가 김 선수를 격려(?)하고 있는 것이 아닌가! 뒤에 앉아 있던 유나가 얼른 나가 보라며 어깨를 툭 친 것이다. 긴장하고 있던 김연아 선수는 그런 유나를 보고는 웃음이 터졌다. 그전에도 여러 번 인사한 사이였다.

김연아 선수의 영어 이름인 '유나(Yuna)'와 우리 딸 이름이 같다는 공통점 덕분인지, 비슷한 또래라 그런지 둘은 금세 편하게 대했다. 유나는 김연아 선수가 얼마나 국민적인 스타인지 별로 개의치 않는 듯했다. 유나의 눈에 김 선수는 그저 편한 또래친구였을 것이다.

미셸 콴과 김연아 선수 말고도 많은 스타들이 홍보대사로 적극 나서 주었다. 중국의 농구 영웅 야오밍 선수와 영화배우 장쯔이, NBA 스타 무톰보 등 해외 유명인사뿐 아니라 이봉주 선수와 홍명보 감독, 양준혁 선수, 가수 이문세 씨 등이 스페셜올림픽을 알리는 데 앞장섰다.

　　보통 홍보대사라고 하면 얼굴만 한 번 비치고 마는 형식적인 자리라고 생각할 수도 있을 것이다. 하지만 어느 한 사람 의무적으로 자리만 채우는 사람은 없었다.

　　홍명보 감독은 처음 홍보대사 제의를 받고는 "대회 기간에는 참석하지 못할 텐데 그래도 괜찮겠습니까?" 하고 양해를 구해 왔다. 이문세 씨도 일정상 대회 막바지에 오는 것을 미안해하며 'D-15 가두 캠페인'에 열성을 다했다. 스페셜올림픽을 얼마나 중요하게 생각하는지 그들의 진정성이 고스란히 느껴졌다.

　　특별한 인연으로 스페셜올림픽에 심적, 물적으로 많은 도움을 준 이들도 빼놓을 수 없다. 팔로워 10만 명의 박용만 두산 회장은 SNS 홍보의 선봉장 역할을 맡아 주었다. 트위터를 통해 스페셜올림픽 관련 소식을 리트윗해 주고, 대회 기간에는 트윗자키로도 활약했다. 그가 대회 첫날 페이스북에 올려 준 스페셜올림픽 응원글은 개인적으로 소중한 선물을 받은 것처럼 큰 힘이 됐다.

　　스페셜올림픽위원회 이사 직함을 갖고 있으니 어떤 행사인지 알고는 있였지만 막상 개막식에 오니 참 값진 행사구나 싶다. 올림픽이라는 단어가 들었지만 승부나 메달보다는 참여와 도전, 함께함이 무엇과도 비교할 수 없는 가치를 가진 행사다.

어린이처럼 좋아하며 입장하는 선수들을 보고, 개막식 무대에 오르는 지적 장애인들을 보며 이들에게 이 행사가 얼마나 큰 의미인가 오늘에서야 실감을 했다. (……) 나경원 의원은 정치인으로 익숙한 사람이며 스페셜올림픽위원회 일도 같이 하는 데다 개인적으로도 가끔 만나 세상이야기를 나누는 사이다.

그녀의 정치가로서의 삶과 이 행사가 얼마나 관계가 있는지는 중요하지도 않고 언급할 필요가 없다. 자신이 장애아를 키우는 엄마이며 오늘 이 행사를 이끌기까지 결코 쉬운 여정이 아니었을 것임은 분명하다.

원래도 미모로 잘 알려져 있고 또 그 미모 때문에 정치적 입지와 관련된 구설에도 오르는 그녀지만, 가슴 뭉클한 개막식에서 연설을 하는 그녀가 오늘은 한 엄마로, 한 인간으로 참 아름다웠다.

박용만 회장은 오프라인에서의 활약도 대단했다. 직접 경기장을 찾아 응원한 것은 물론이고, 계열사 직원들을 매일 500명씩 초대해 스페셜올림픽의 관객 동원에도 일조했다.

그 외에도 각국의 깃발까지 손수 만들어 와서 선수들을 응원해 준 코레일 직원들, 1,500명 단체 관람으로 든든하게 자리를 채워 준 선묵혜자 스님과 불교 신도들, '뜨개질 캠페인' 때 선수들을 위해 목도리를 여섯 개나 떠준 김윤옥 여사를 비롯한 장관과 청와대 수석 부인들…… 일일이 다 나열하기 힘들 만큼 많은 사람이 손길을 모아 주었다.

　　　　　나눔이라는 선의의 씨앗들은 주변으로 하나둘 퍼져 나가 싹을 틔웠다. 나비의 작은 날갯짓이 큰 태풍을 몰고 오듯, 나눔의 마음 역시 사람들 사이에 나비효과를 불러일으킨 셈이다.

　이해득실을 따지지 않고 기꺼이 함께해 준 그들은 "도와주겠다"가 아니라 "나누어 주겠다"고 말했다. 그들은 이미 '일방적 도움'이 아닌 '상호적 나눔'이 서로에게 기쁨이 된다는 것을 알고 있는 듯했다. 나보다 못한 사람을 돕겠다는, 우월감에서 나온 '동정'이 아니라 나에게 조금 넘치는 것을 함께 나누겠다는 따뜻한 '인정'의 힘을 그들에게 느꼈다.

　도와준다는 것은 상대를 타자화하지만, 나눠 준다는 것은 상대와 나를 동일시하는 것이 아닐까. 가족에게 어려운 일이 생겼을 때 우리는 가족을 '도와준다'고 말하지 않는다. 식구들끼리는 서로 '나누는 것'이다. 하나라도 더 차지하려고 아득바득 싸우는 세상에서 나눔은 커다란 결심이 필요한 일인지 모른다. 나 하나 먹고살기도 힘든데 다른 사람 밥그릇까지 챙길 여유가 있겠느냐는 말도 수긍이 간다.

　그러나 기꺼이 내 것을 나누어 준 이들은 입을 모아 말한다. 줄 수 있어서 행복하다고. 나눔은 부족함 속에서 느낄 수 있는 풍요가 아닐까. 십시일반(十匙一飯). 한 숟가락씩 모아 빈 밥그릇을 채우는 것, 허기진 이가 배불리 먹는 모습을 보고 기쁨을 나누는 것. 나눈다는 것은 손해 보는 일이 아니라 더 큰 보람을 되가져 가는 일이다.

　자기 밥 한 숟가락씩을 떠주는 이들의 마음이 모여 스페셜올림픽이라는 큰 그릇이 수북이 채워질 수 있었다.

이해득실을 따지지 않고 기꺼이 함께해 준 이들은
"도와주겠다"가 아니라 "나누어 주겠다"고 말했다.
그들은 이미 '일방적 도움'이 아닌 '상호적 나눔'이 서로에게
기쁨이 된다는 것을 알고 있었다.

I have
a dream!

"오후에 친구들과 차 마시는 걸 좋아해요. 이런 시간들이 행복하고, 가족들도 아주 좋아합니다."

프랑스에 사는 서른다섯 살 미리안 라무니(Myrian Rahmouni) 선수의 꿈이다.

"어린이들을 위한 감독이 되고 싶어요. 그리고 생수회사 사장이 되고 싶어요."

서아프리카 모리타니에 사는 스물한 살 시디 모하메드 아흐네드 (Sidi Mohamed Ahned) 선수의 꿈이다.

"하키에서 메달을 따고 싶어요. 그리고 장애 아동을 위한 감독이 될 것입니다."

모로코에 사는 열여섯 살 함자 아파이랄(Hamza Afailal) 선수의 꿈이다.

"양로원에서 자원봉사를 계속 하고 싶어요. 예전에는 마이클 조던을 만나고 싶었고, 일본 음식을 좋아해서 일본에 가보고 싶어요."

미국에 사는 스물세 살 트래비스 헌터(Travis Hunter) 선수의 꿈이다.

"케이크를 좋아해요. 제빵 기술을 배워서 제과점을 열고, 아이들에게 맛있는 케이크를 만들어 주고 싶어요."

일본에 사는 열여덟 살 레이 오오카노(Rei Ookano) 선수의 꿈이다.

"스케이트 타고 운동하는 게 좋아요. 민지와 맛있는 거 먹고 싶고, 결혼도 하고 싶어요."

한국에 사는 서른 살 서성하 선수의 꿈이다.

평창 스페셜올림픽에 참가한 선수들이 자신의 꿈을 말한다. 지적 장애인들이 원하는 삶과 우리가 원하는 삶은 결코 다르지 않다. 장래 희망도 있고 미래의 계획도 있다. 가족과 단란한 시간을 보내고 싶어 하며, 사랑하는 사람과 가정을 이루고 싶어 한다. 누구나 바라는 평범한 행복을 그들도 꿈꾸는 것이다.

평창 스페셜올림픽은 지적 장애인도 우리와 같은 꿈을 가진 존재라는 인식을 담은 '평창선언문'을 발표했다. 아웅산 수치 여사를 비롯한 전 세계 지도자 300여 명이 소외된 지적 장애인의 인권을 높이고, 사회적 관심을 불러일으킬 수 있는 방법을 논의하기 위해 평창에 모였다.

사람들에게 지적 장애인을 같은 공동체의 구성원으로 받아들이게 하려면 어떤 노력을 기울여야 할까? 나와 다른 존재라고 생각했던 지적 장애인들과 함께 가는 방법, 그들의 눈높이에서 생각하고 그들의 입장을 먼저 배려하는 자세, 그것은 어디서부터 출발할 수 있을까?

평창선언문의 핵심 주제를 선정하기 위해 관련 학자들과 머리를 맞대고 고민했다. 결론은 그들의 마음을 헤아리려면 먼저 그들이 하는 이야기를 들어야 한다는 것이었다. 지적 장애인의 말에 귀 기울이는 것, 바로 '경청'이 그 시작이었다. 경청이라는 키워드가 나오는 순간, 머리를 한 대 맞은 것 같은 어떤 울림이 느껴졌다.

20여 년 동안 유나를 키우며 겪은 시행착오로 내가 얻은 것도 그와 다르지 않았다. 내가 아닌 유나의 입장에서 생각하는 것, 무조건적인 배려나 도움이 아닌, 유나가 진짜 필요로 하는 도움을 주는 것 말이다. 초등학생이던 유나가 이런 말을 한 적이 있다.

"엄마, 나는 혼자서 실내화 갈아 신을 수 있는데 친구들이 자꾸 도와줘서 귀찮아."

정작 유나에게 필요했던 것은 그런 도움이 아니었던 모양이다. 실내화야 혼자서도 얼마든지 갈아 신을 수 있으니, 수업을 마치고 친구들이 같이 이야기하면서 가주기를 바랐나 보다. 그런 마음도 모르고 실내화만 신겨 주곤 먼저 달려가는 친구들의 뒷모습을 보며, 혼자 남은 유나는 얼마나 쓸쓸했을까. 친구들이 그 속을 헤아려 줄 수 있었더라면 유나가 더 신 나게 학교를 다닐 수 있지 않았을까.

　　　　지적 장애인들의 목소리에 먼저 귀 기울이는 것. 평창 선언문은 지적 장애인들의 이야기를 경청하는 것이 그들에 대한 차별을 없앨 수 있는 출발점임을 강조한다. 일방적인 도움이나 지원보다는 그들 스스로가 주도적인 삶을 살아갈 수 있도록 실질적인 제도 개선과 사회적인 인식 변화가 필요하다는 메시지를 담고 있다.

　귀를 닫고 일방적인 도움을 주는 것은 아무 의미가 없다. 아무리 사회적 여건을 개선하고 지적 장애인을 위한 시스템을 만든다 하더라도, 그들의 목소리를 귀담아 듣지 않는다면 그것은 단지 우월적 지위에서 베푸는 동정이나 시혜에 지나지 않는다. 지적 장애인에 대한 진지한 경청은 그들이 우리와 동등한 존재라는 인식에서 출발하는 것이다.

　우리보다 지능이 낮다고 해서, 5~6세의 지적 수준을 갖고 있다고 해서 모든 지적 장애인이 어린아이인 것은 아니다. 그들 역시 우리처럼 성장하고 나이를 먹고 어른이 되어 간다. 우리와 똑같이 사춘기를 겪고 희로애락을 느끼면서 성숙해 간다. 인생의 한 단계, 한 단계를 거치면서 그에 맞는 생각과 고민들로 삶이 채워지는 것이다.

　인간으로서의 기본적인 욕망, 사람이라면 누구나 갖는 바람도 우리와 다르지 않다. 지적 장애인이라고 해서 결혼하고 싶은 마음이, 아이를 낳고 싶은 마음이 없겠는가. 우리가 해줄 일은 그들이 가정을 이루고 아이를 키울 수 있도록 제도적 여건을 마련해 주는 것이다. '지적 장애인이 무슨……' 하는 비딱한 시선을 거두고, 제대로 바라봐 주는 것이다.

'장애우'라는 말이 있다. 따뜻한 표현 같지만 정작 장애인들은 이 말을 좋아하지 않는다. 단어 자체가 장애인 스스로 자신을 지칭할 때는 사용할 수 없기 때문에, 비주체적인 인간을 형상화하고 있다. '장애인을 친구로 여겨야 한다'는 의미 역시 장애인은 비주체적이고 비사회적인 인간이라는 전제를 바탕으로 하고 있다.

도움이 필요하다고 해서 지적 장애인을 무조건 의존적인 존재로 여겨서는 곤란하다. 우리의 역할은 어디까지나 그들을 보조하는 데 있다. 비장애인도 개인의 능력에 따라 잘하는 것이 있고 못하는 것이 있듯, 지적 장애인 역시 혼자서 잘할 수 있는 것도 있고 못하는 것도 있다. 도움의 손길은 그들 스스로 하기 힘든 부분에 한정되어야 하는 것이다. 그리고 그 도움은 마치 우렁각시처럼 표시 나지 않는 '숨은 도움'이어야 하지 않을까.

스페셜올림픽에서 자원봉사자 교육을 할 때 가장 강조하는 점도 이것이다. 지적 장애인이 스스로 잘할 수 있는 것과 없는 것을 정확히 파악해서 거기에 맞는 도움을 주어야 한다는 것이다. 패럴림픽에서도 무조건 도와주는 건 바람직하지 않다고 지적한다. 혼자서 휠체어를 탈 수 있는 사람을 구태여 밀어 주는 행동은 장애인의 능력을 무시하는 것이다.

지적 장애인의 목소리에 먼저 귀 기울이는 것.
평창선언문은 지적 장애인들의
이야기를 경청하는 것이 그들에 대한 차별을 없앨 수 있는
출발점임을 강조한다.

자원봉사자의 의욕이 넘쳐서 지적 장애인이 스스로 할 수 있는 부분까지 넘어서는 과욕을 부려서는 안 된다. 지나친 적극성은 자칫 지적 장애인의 자립심을 해칠 수 있다. 그들의 능력을 인정하고 영역을 배려하려는 자세가 무엇보다 중요한 이유다.

나는 판사로 일할 때 조정율이 꽤 높은 편이었다. 다른 판사의 조정율이 10건에 2~3건 정도라면, 내가 맡은 사건의 경우 7~8건은 조정이 성립되었다. 비결은 다른 것이 없었다. 듣는 것이었다. 원고와 피고를 같이 앉혀 놓고 이야기를 듣고, 또 한 사람씩 따로 만나 이야기를 듣기도 했다.

시간이 좀 걸리기는 했지만, 그러다 보면 자연스레 조정이 되었고 양쪽 모두 내게 감사하다고 인사를 하며 돌아갔다. 바로 경청의 힘이었다. 이는 정치를 하거나 다른 일을 할 때도 마찬가지였다.

하지만 진지한 경청에는 그만큼의 기다림이 필요하다. 언덕길에서 휠체어 한 번만 밀어 주면 금방 오르겠지만, 지적 장애인 혼자서 오르막을 넘으려면 더 많은 시간이 걸릴 것이다. 비록 오래 걸리더라도 그들의 속도에 맞춰 기다려 줄 수 있어야 한다.

보폭이 다른 사람이 함께 가려면, 조금 더 빠른 쪽이 한 발 늦춰 주는 여유가 필요하지 않겠는가. 물론 일부러 속도를 늦춰야 하는 사람 입장에서는 답답할 수 있다. 그렇기에 보폭을 맞추려는 의식적인 노력이 부단히 필요하다.

물론 나 역시 아직도 부족하다. 우리 유나가 같은 말을 반복하듯이 이야기하면, 어느새 내 대답은 건성으로 바뀐다. 그러다 불현듯 "어, 뭐라고 그랬지?" 하고 다시 묻는 일이 많다. 엄마도 이런데 장애인을 접한 경험이 없는 이들은 오죽하겠는가.

하지만 몇 번의 캠프와 대회를 통해 자원봉사자들의 활동을 눈여겨보면서 가능성을 느꼈다. 귀 기울이고 인내하는 젊은이들의 모습에 장애인과 비장애인의 조화를 이루는 세상의 가능성이 엿보였다. 한 발 기다릴 줄 아는 여유를 갖고 그들의 이야기에 귀 기울일 때, 비로소 그들 스스로 설 수 있는 발판을 온전히 만들어 줄 수 있을 것이다. 어쩌면 함께하는 세상이 그리 멀지 않은지도 모르겠다.

chapter 3

당신의 마음에 노크를

'여기까지만 같이'라고 선 긋지 않고 그 너머까지 손 내밀 수 있다면,
서로의 마음을 열어 기꺼이 친구가 될 수 있다면

소년, 엄마를 찾아
뛰고 또 뛰다

1998년 가을, 어느 버스터미널. 바쁘게 오가는 사람들로 북새통을 이룬 터미널 구석에서 한 아이가 울고 있었다. 허름한 차림새에, 얼마나 울었는지 눈물 콧물로 뒤범벅된 얼굴. 지나가는 이들이 한 번씩 돌아봤지만, 정작 아이가 애타게 찾는 엄마는 어디에도 보이지 않았다.

한참 동안 울고만 있는 아이가 걱정됐는지 지나가던 행인 한 명이 다가와 말을 걸었다.

"얘, 너 엄마 잃어버렸니? 아줌마가 찾아 줄게. 이름이 뭐야?"

아이는 젖은 눈을 끔뻑이기만 할 뿐 아무 대답이 없었다. 재차 물었지만 마찬가지. 예닐곱 살은 되어 보이는데 제 나이도 이름도 모르는 듯했다.

하는 수 없이 근처 경찰서로 데려갔지만 아이가 알고 있는 것이 없으니 마땅한 방법이 없었다. 또래에 비해 지나치게 말이 어눌한 이 아이는 결국 지적 장애인 복지시설에 맡겨졌다.

시설에서 아이는 신원 미상이라는 뜻의 '미상아(未詳兒)'로 불렸다. '민상아'라는 이름은 그렇게 지어졌다. 예쁘지만 서글픈 사연이 담긴 이름. 치아 발육상태를 근거로 나이는 일곱 살로 추정했고, 생일은 시설에 입소한 날로 정했다. 고개를 끄덕이는 것이 의사 표현의 전부인 아이는 지적 장애 3급이었다.

제대로 말도 못하고 정상적인 생활이 어려웠던 아이가 달라진 것은 정말 우연한 기회를 통해서였다. 열네 살이 되던 무렵, 복지시설에 부임한 물리 치료사 선생님을 통해 마라톤을 시작한 것이다. 처음엔 재활 치료를 위해 가볍게 달리는 수준이었다.

지적 장애인 아이가 규칙적인 운동을 한다는 것은 엄청난 노력과 끈기가 필요한 일이다. 조금씩 달리는 거리를 늘리고 속도를 높이며, 아이가 감당할 수 있을 만큼 운동량을 조절해 갔다. 그 지난한 과정 끝에 매일 4킬로미터 이상 꾸준히 뛸 수 있는 수준에 올랐다. 선생님의 도움으로 체계적인 훈련을 받으면서 기록도 눈에 띄게 좋아졌다.

달리기에 재미를 붙인 아이는 우직하고 성실하게 열심히도 달렸다. 숨이 차도록 뛰다 보면 저 끝에 무언가가 있을 거라고 생각하는지, 매일매일 하루도 거르지 않고 뛰고 또 뛰었다. 선생님은 그 모습만으로도 그저 고맙고 대견했다.

하지만 실력이 늘면서 자신감이 생긴 아이는 대회에 나가고 싶다는 목표가 생겼다.

"상아야, 대회에서 상 타면 제일 먼저 뭘 하고 싶어?"

"엄마, 엄마를 찾고 싶어요."

그제야 알았다. 달리기의 끝에 기다리고 있는 것, 상아가 달리는 이유. 그건 엄마였다. 그렇게도 열심히 달렸던 것은 엄마를 찾기 위해서였다.

큰 상을 타면, 그래서 유명해지면 엄마가 돌아올지도 모른다는 막연한 기대. 기억도 흐릿해진 오래전 그날, 마지막으로 본 엄마의 모습을 상아는 아직도 간직하고 있었던 것이다. 엄마의 손을 놓친 그날의 기억이 뇌리에 뚜렷이 박혀 지워지지 않았던 것이다.

"엄마를 찾으면 무슨 말을 하고 싶어?"

한참 동안 침묵이 이어졌다. 엄마가 그리운 만큼 원망하고 있는 것일까.

"엄마한테 왜 버렸냐고 묻고 싶은 거니……?"

상아가 고개를 세차게 저었다.

"아니요. 그게 아니라…… 잘 있다고 보여 주고 싶어요. 저 이렇게 건강히 잘 있으니까, 걱정하지 말라고……."

그렇게나 열심히 달렸던 이유, 숨이 차도록 뛰고 또 뛰었던 이유…… 오로지 엄마를 위해서였다. 아무것도 모르는 어린아이 같았

민상아 선수가 숨이 차도록
뛰고 또 뛰었던 이유는 엄마를 찾기 위해서였다.
아무것도 모르는 어린아이 같았던 지적 장애인 소년은,
어느덧 다 커서 아들을 잃어버리고
슬퍼하고 있을 엄마를 걱정하고 있었다.

던 지적 장애인 소년은, 어느덧 다 커서 아들을 잃어버리고 슬퍼하고 있을 엄마를 걱정하고 있었다.

2011년 아테네 하계 스페셜올림픽 1,500미터 육상 경기에 출전한 민상아 선수는 마침내 동메달을 목에 걸었다. 스무 살이 된 청년의 꿈은 여전히 엄마를 찾는 것이었다. 가슴 아픈 사연이 알려지자 많은 매체에서 취재 요청이 쏟아졌다.

인터뷰 때마다 그는 기자에게 지금의 사진과 함께 어렸을 때 사진도 실어 달라고 신신당부했다. 많이 커버린 자신을 혹시 엄마가 알아보지 못할까 봐. 민상아 선수의 요청대로 두 사진이 나란히 신문에 실렸다. 하지만 끝내 엄마에게서는 연락이 오지 않았다.

그는 도전을 멈추지 않았다. 민상아 선수는 2013년 평창 동계 프레대회의 크로스컨트리(cross-country)에도 출전했다. 크로스컨트리는 자연 지형을 이용한 코스에서 행해지는 장거리 경주로, 어렵고 힘든 경기다. 그는 수차례 넘어지고 일어서기를 반복하면서도 포기하지 않았고, 이번에는 당당히 은메달을 거머쥐었다.

엄마와의 재회를 위해 운동을 시작한 소년. 여전히 엄마를 만나지는 못했지만, 그는 계속 달릴 것이다. 달리기가 자신의 삶을 완전히 바꿔 놓았음을 알기 때문이다. 더 이상 혼자만의 질주가 외롭지도 않을 것이다. 그의 안타까운 사연을 접한 수많은 사람이 열렬한 응원을 보내 주고 있으니까 말이다.

이처럼 스페셜올림픽에 참여한 선수들은 저마다의 사연을 안고 있었다. 넘어지고 또다시 일어나 뛰었던 그들에게는 가슴 찡한 이야기가 하나씩 숨어 있었다. 그리고 그 스토리 속에는 사람들의 생각을 변화시키는 힘이 있었다. 그것이 바로 스페셜올림픽이 '스토리올림픽'이란 이름으로 불리게 된 이유다.

　　　　　사실 대회를 앞두고 어떻게 하면 스페셜올림픽을 좀 더 잘 알릴 수 있을까 많은 고민을 했다. 지적 장애인의 개념조차 제대로 알지 못하는 사람들의 관심을 끌어낼 방법이 과연 있을까. 개막 전 스페셜올림픽에 대한 인지도는 0퍼센트에 가까웠으니, 당연한 근심이었다. 관심 부족은 이미 각오했던 바지만, 무엇보다 큰 걸림돌이 되었던 것은 언론의 태도였다.

　　스페셜올림픽이란 대회에 대해 기자들이 보이는 관심은 성적에 한정되어 있었다. 메달은 몇 개나 딸 거냐는 질문이 취재진들의 단골 멘트였다. 올림픽이 열리면 으레 우리나라의 메달 개수와 전체 순위부터 예상하듯, 스페셜올림픽에 대한 관심도 별반 다르지 않았다. '올림픽'이란 타이틀 때문인지 그들은 거창하고 격식 있는 대회를 생각하는 듯했다. 그 기준에서라면 스페셜올림픽은 기대 이하의 대회가 될 수밖에 없었다.

　　스페셜올림픽은 지적 장애인 선수들의 경기다 보니, 다른 대회에 비해 경기력도 떨어지고 긴장감이나 긴박감도 덜할 수밖에 없다. 얼음판 위를 멋지게 달리기는커녕 겨우 한 발씩 떼는 선수를 보면, '저게 뭐야? 이게 무슨 올림픽이야?'라고 생각하기 쉬웠다.

그렇기에 많은 사람이 지적 장애인에 대한 정확한 이해와 정서적 공감을 바탕으로, 열린 마음으로 그들을 바라보고 뜨거운 응원의 박수를 쳐줄 수 있도록 하는 것이 스페셜올림픽의 중요한 목표였다.

플로어하키에 출전한 최경재 선수는 생후 23개월 무렵, 문에 손가락이 끼는 사고를 당했다. 이후 파상풍과 근육강직 증상에 시달리다가, 의식불명 상태에 빠져 두 달간 병상에 누워 있었다. 다행히 의식을 회복했지만 중증 뇌성마비 진단과 동시에 4~5년의 시한부 판정을 받았다.

뇌의 반 이상을 잃었고 시신경과 청신경 손상까지 입었다. 하지만 이런 불행에 굴하지 않고 플로어하키에 매진했으며, 결국 국가대표 최고 공격수로 성공했다. 그의 어머니 말에 따르면 "현대의학으로는 설명할 수 없는 기적"이었다.

미국 스노보딩(snowboarding) 선수인 헨리 미스에게 스페셜올림픽은 부모를 찾는 여정이기도 했다. 22년 전 한국에서 태어난 그는 신생아 합병증으로 몇 달간 병원에서 치료를 받다가, 미국에 사는 부부에게 입양되었다. 양부모는 장애를 가진 그를 헌신적으로 사랑해 주었다. 특히 양어머니는 다른 생활은 거의 포기하다시피 한 채 4년간 그를 보살피는 데만 힘을 쏟았다.

덕분에 어린 시절부터 여러 운동을 섭렵하며 운동 신경을 발달시

킨 그는 고등학교에 들어가 스노보딩을 시작했고, 뛰어난 실력으로 지적 장애인 스노보딩 국가대표로 발탁될 수 있었다. 민상아 선수와 마찬가지로 그 역시 친부모를 찾는 것이 참가 목적 중 하나였다.

스페셜올림픽에 출전한 선수 중 어느 누구도 가슴 절절한 사연이 없는 이가 없었다. 경기장에서 '어느 나라 선수, 누구입니다'라는 간단한 설명 대신 그들의 휴먼 스토리가 소개될 때, 낯선 선수들을 바라보는 관중의 눈빛이 조금씩 달라지기 시작했다. 추운 날씨에 잔뜩 웅크려 있던 사람들의 귀가 열리고 마음이 열리는 듯했다.

스노슈잉이나 크로스컨트리는 그나마 앉을 수 있는 자리가 마련돼 있었지만, 설상(雪上) 경기는 눈밭에 서서 지켜봐야 했다. 응원하기가 힘든 상황인데도 모두 열렬히 호응했다.

언론에서도 이들의 인간승리 이야기에 관심을 기울이기 시작했다. 처음에는 다소 스페셜올림픽에 심드렁했던 기자들이 점점 적극적인 태도로 바뀌어 갔다. 선수들의 굴곡진 개인사를 접하면서 생긴 인간적인 연민이 관심과 애정으로 발전해 나간 것이다.

공감한다는 것은 함께 느낀다는 것이다. 머리로 깨달은 것은 지식에 그치지만, 마음으로 받아들인 것은 변화를 이끌어낸다. 선수들의 이야기를 접하게 되자 이전까지 메달 개수에만 관심을 갖던 기자들이 선수들의 땀과 노력에 눈을 돌리기 시작했다. 관객들은 실력이 부족한 선수도, 힘들어 주저앉은 선수도 외면하지 않고 진심으로 응원하며 격려의 박수를 힘껏 쳐주었다.

누군가의 힘든 과거를 알게 되면, 밝은 미래를 응원하게 되는 것이 사람 마음이다. 아픔을 딛고 어떻게 성장하는지 관심을 갖고 지켜보게 된다. 안됐다, 불쌍하다는 생각으로 끝나는 것이 아니라 잘 됐으면 좋겠다는 마음으로 이어지는 것이다.

이번 스페셜올림픽에 참여한 선수들을 향한 마음도 일회성에 그치지 말았으면 하는 것이 나의 바람이다.

김동성과 오노가
한 빙판에 선 이유

11년 만이었다. 그들이 빙판 위에서 다시 만난 것은. 김동성과 오노, 이 두 사람이 같은 경기장에 선다는 사실만으로 언론의 관심은 뜨거웠다.

대한민국 국민이라면 잊을 수 없는 2002년 미국 동계 올림픽의 쇼트트랙 경기. 1위로 결승선을 통과한 김동성 선수는 진로 방해를 이유로 실격 처리되고 만다. 오노의 할리우드 액션 때문이었다. 통쾌한 승리가 순식간에 억울한 패배로 거짓말처럼 뒤바뀌었다.

금메달은 오노의 목에 걸렸고, 김동성 선수는 아쉬운 눈물을 삼켜야 했다. 주최국 미국에 편파적인 판정이었지만, 끝내 번복되지 않았다. 온 국민이 분노했다. 오노는 그렇게 대한민국의 금메달을 빼앗아 간 공공의 적이 되었다.

2013년 2월, 강릉 실내빙상장에서 그 둘은 재회했다. 스페셜올림픽의 통합스포츠 프로그램에 참가하기 위해서였다. 통합스포츠 체험 행사는 국내외 스포츠 스타와 스페셜올림픽 선수들이 한 팀을 이뤄 펼치는 경기다. 대회를 찾은 관중들은 유명 선수들이 뛰는 모습을 가까이서 볼 수 있고, 지적 장애인 선수들은 같은 분야의 최고 선수들과 함께 경기해 볼 수 있는 스페셜올림픽의 최대 이벤트다.

10년도 더 지난 일이지만 두 선수의 악연을 생생하게 기억하는 국민들은 여전히 오노에게서 차가운 시선을 거둘 수 없었다. 스포츠계의 대표적인 앙숙인 두 선수가 어떤 모습으로 다시 만나게 될지 사람들의 시선이 집중되었다. 불편한 관계일 수밖에 없는 이 둘이 함께하기까지는 복잡한 과정이 필요했다.

스페셜올림픽 국제본부에서 먼저 홍보대사인 오노를 평창 대회에 초청할 것을 제안해 왔다. 국민적 감정을 생각하지 않을 수 없었다. 걱정이 앞서 기자들 의견을 물어보자 세대에 따라 반응이 달랐다. 젊은 기자들은 크게 개의치 않는 분위기였지만, 김동성과의 경기를 생생하게 기억하는 세대는 조금 부정적이었다.

나 역시 선뜻 내키지 않았지만 국제본부 이사는 스페셜올림픽이니까 이런 자리를 만드는 것이 가능하지 않겠느냐는 의견을 피력했다. 승패보다는 노력하는 과정에 더 큰 의미를 두는 스페셜올림픽이 이 둘에게 '화해의 장'이 될 수 있다면…… 생각이 거기에 미치자 고개가 끄덕여졌다.

하지만 김동성 선수와 오노가 수락해 줄지는 모를 일이었다. 오랜 시간이 흐르긴 했지만 공식적인 자리에 함께 선다는 것은 두 사람 모두에게 분명 큰 용기가 필요한 일일 터였다. 어려운 결정임을 알았기에 성사되지 못할 수도 있다고 생각했다. 그러나 다행히도 두 사람 모두 참여 의사를 전달해 왔다. 스페셜올림픽의 취지에 공감해 준 덕분이었다.

선수이기 전에 한 사람으로서 겪었을 마음의 갈등을 조금은 짐작할 수 있을 것 같다. 손에 쥔 금메달을 뺏겼던 억울함과 미움을 내려놓는 것도, 냉대와 야유를 감수하고 한국에 올 결심을 하는 것도 모두 쉽지 않은 일이었을 것이다. 특히나 경쟁심과 승부욕이 강한 스포츠 선수들이 자존심을 굽히기까지 얼마나 큰 결심이 필요했겠는가.

사실 국제본부 이사를 통해, 오노에게 한국 국민의 자신에 대한 마음을 충분히 이해한다는 뜻을 표현해 줄 것을 제안했다. 우리 국민들이 오노에게 갖고 있는 반감을 설명하고 먼저 호의적으로 다가오는 노력을 보여 달라고 부탁한 것이다.

욕심 같아서는 김동성 선수와의 경기에 대한 사과도 받고 싶었지만, 오노 입장에서 그것은 자신의 금메달을 부인하는 일이기에 사과까지 요구하기란 어려웠다. 사과한다는 직접적인 표현은 못 하더라도, 평창 스페셜올림픽에 관심과 애정이 있어 참석한다는 뜻을 표해 주기를 거듭 부탁했다.

더 마음이 쓰이는 쪽은 김동성 선수였다. 완전한 화해의 제스처를 취하지 않은 오노 때문에 여전히 앙금이 남아 있는 그에게 이런 자리를 제안하는 것이 무척이나 조심스러웠다. 평소 그와 친분이 있었던 이창명 씨가 중간에서 적극적으로 도와준 덕에 김동성 선수도 마음을 열고 제안에 응해 주었다. 스페셜올림픽 홍보대사이기도 한 이창명 씨는 이날 행사의 사회를 맡아 주기도 했다.

어디선가 듣기로 두 사람은 이미 화해를 했고 더 이상 불편한 관계가 아니라는 이야기가 있어, 혹시나 하는 기대도 있었다. 그런데 평창 대회에서 만난 김동성 선수에게 조심스럽게 물어보았더니, 그것은 사실이 아니라고 했다. 시합 후 김동성 선수가 자신의 실력을 인정했다는 식으로 오노가 자서전에 쓴 일로 여전히 마음이 개운치 않다고도 했다.

김동성 선수 입장에서는 오노에게 금메달을 빼앗겼음이 분명했고, 오노는 변함없이 자신이 그 금메달을 정정당당하게 땄다고 생각하는 듯했다. 좁혀지지 않는 두 사람 사이에서 어느 한쪽에 치우침 없이 중심을 잡는 조직위원장의 역할이 어느 때보다 중요했다. 서로 불편한 감정은 남았어도 스페셜올림픽을 위해 나선 자리인 만큼, 두 사람을 조화시키기 위해 애써야 했다.

김동성과 오노는 쇼트트랙 스피드스케이팅 1,600미터 계주에서 지적 장애인 선수들과 경기를 펼쳤다. 아쉽게도 둘이 맞대결하는 모습은 볼 수 없었지만, 각각 다른 조에서 에이스를 맡아 관객들의 시선을 사로잡았다. 남다른 의미가 있는 자리였던 만큼 김동성 선수는 비장의 퍼포먼스를 준비한 모양이었다. 앞서 가는 후배 성시백을 추월하려다 뒤에서 할리우드 액션을 흉내 냈다.

그 모습을 보고 관중석 곳곳에서 통쾌한 웃음이 터져 나왔다. 이 모습을 지켜보던 오노도 멋쩍은지 웃음을 터뜨렸다. 아무도 말은 안 했지만 두 사람을 유심히 지켜보는 시선이 어찌 느껴지지 않았겠는가. 자칫 어색하고 불편할 수 있는 분위기를 모른 척 피하지 않고, 용기 있게 정면돌파한 재치가 보기 좋았다.

직접적인 화해는 없었지만 이 웃음만으로도 묵은 감정이 조금은 해소되지 않았을까 싶다. 행사가 끝난 뒤 함께 포즈를 취해 달라는 취재진의 요청에 둘은 어깨동무를 하고 기념촬영을 했다.

이날 언론의 모든 관심은 김동성과 오노에게 집중되어 있었다. 그 과정에서 혹여나 오노의 말실수가 있지는 않을까 잔뜩 긴장이 되었다. 오노가 빙상 경기장에 들어서는 순간부터 그를 붙들고 사소한 말이라도 실수하지 않도록 신경 써달라고 거듭 당부했다. 다행히 그는 얼굴 한 번 찡그리는 일 없이 웃으면서 걱정하지 말라고 나를 안심시켰다.

행사 후 두 사람에게 인터뷰 요청이 쇄도했다. 국제본부 측, 매니저 측과 긴급히 협의했다. 할 것인지 말 것인지, 한다면 어느 부분까지 이야기할 것인지 적정선을 미리 정해 둘 필요가 있었다. 논의 끝에, 나의 주재하에 둘이 함께 인터뷰에 응하기로 했다. 질문은 서로

예민한 부분을 피해 스페셜올림픽과 관련된 내용만 받는 것으로 제한했다.

이렇게 해서 두 사람 모두 웃으며 기자 간담회를 마칠 수 있었다. 그날 인터넷 포털사이트 메인 화면에는 김동성과 오노가 악수하는 모습이 한참 떠 있었다.

여전히 현역 선수로 뛰고 있는 오노는 2014년 소치 동계 올림픽을 준비 중이고, 김동성은 은퇴 후 지도자의 길을 가고 있다. 영원히 평행선을 달릴 것만 같았던 두 사람은 스페셜올림픽을 계기로 다시 접점이 생겼다.

그럴 수 있었던 것은 10년의 세월이 흐르는 동안 서로에게 그만큼 여유가 생겼다는 증거가 아닐까? 당사자에게 사과를 받진 못했지만, 함께 안타까워하고 따뜻하게 위로해 준 국민들이 있어 김동성 선수도 아쉬움이 어느 정도는 채워졌으리라 믿는다.

바쁜 일정에도 시간을 쪼개어 행사에 참석해 주고 다시 서울로 돌아가는 김동성 선수의 모습을 보며 조직위원장으로서 깊은 감사를 느꼈다. 마음이 불편하지는 않을까 내내 걱정했던 것이 기우가 아니었나 싶을 만큼 그는 처음부터 끝까지 웃는 얼굴이었다. 개운치 않은 감정에도 불구하고 흡족하게 모든 행사에 참여해 준 그의 너른 마음이 참으로 고마웠다.

오노 역시 행사에 적극적으로 참여하는 모습으로 많은 이들의 격정을 불식시켰다. 취재진의 포즈 요구에도 열심히 응해 주고, 자신이 맡은 역할을 잘 해냈다. 지적 장애인 어린이를 위한 운동 프로그램에서는 땀까지 뻘뻘 흘려 가며 아이들과 어울려 즐겁게 놀아 주었다. 맨 처음 조금은 까칠했던 사람들의 마음도 어느새 인간적인 고마움으로 바뀌어 갔다.

이후 오노는 자신의 SNS에 '스포츠의 순수함, 인간적인 감성, 통합의 전율을 함께 느낀 하루…… 스페셜올림픽을 위해 이곳에 와 있는 것이 감사하다. 모든 과정이 놀라운 추억'이라는 소감을 지적 장애인 선수와 찍은 사진과 함께 올리기도 했다.

스페셜올림픽이 마련한 자리를 통해 해묵은 앙금까지 깨끗이 털어 낼 수 있었다면 좋았겠지만, 사람의 감정이 그리 간단하게 정리될 수 있으리라 생각진 않는다. 불편한 마음을 감수하고 그렇게 용기를 내준 것만으로도 충분히 박수 받을 만하다. 순수한 가치를 위해 기꺼이 자존심을 내려놓는 것이야말로 진정한 스포츠맨십이 아닐까?

어두운 밤바다에서 등대가 배들을 안내하고 이끌듯, 의미 있는 가치는 사람들의 마음과 행동을 이끌어 낸다. 김동성과 오노가 개인적인 감정을 내려놓고 스페셜올림픽에 동참할 수 있었던 것도 이 대회가 추구하는 가치에 공감했기 때문이라고 생각한다.

한때 치열한 경쟁자였던 두 사람은 하나의 목표를 공유하는 파트너가 되었다. 미움과 자존심을 버리고, 사사로운 감정들을 덜어 낸

한때 치열한 경쟁자였던 두 사람이
지적 장애인 선수들을 위해 기꺼이 한 빙판에 섰다.
순수한 가치를 위해 기꺼이 자존심과 미움을 내려놓는 것이야말로
진정한 스포츠맨십이 아닐까?

자리에 협력과 화합이라는 보다 넓은 의미가 채워졌다. 공동의 큰 가치를 위해 나의 작은 손해를 기꺼이 감수할 수 있는 것, 스페셜올림픽이 보여 준 또 하나의 힘이다.

플로어하키장에 가득했던 '7번방의 선물'

플로어하키는 스페셜올림픽의 유일한 단체 종목이다. 김재영 선수는 참가 선수 중 가장 나이가 많은 탓에 같은 팀의 어린 선수들은 그를 삼촌이라고 부른다. 고령의 나이에 국가대표로 출전했다는 사실도 놀랍지만, 그보다 더 놀라운 것은 어리고 예쁜 딸이 노상 그림자처럼 붙어 다닌다는 사실이다. 한창 멋 내고 놀러 다니고 싶을 이십 대의 아가씨가 지적 장애인 아버지를 그렇게나 살뜰히 챙긴다는 것이 어디 말처럼 쉬운 일인가.

엄마도 없이 자란 딸이었다. 태어나고 얼마 지나지 않아 엄마가 집을 나갔고, 큰엄마를 엄마라 부르며 컸다. 큰엄마와 큰아빠가 친부모가 아니라는 사실을 알게 된 것은 초등학생 때였다. 하루아침에 부모가 바뀐 아이는 울음을 그치지 못했다. 어린 마음에 얼마나 큰 충격이었겠는가.

하지만 어린 소녀는 지적 장애인 아버지를 부정하지 않았다. 마음속 상처가 컸지만 아버지를 외면할 수는 없었다. 큰아빠와 힘들게 벼농사를 짓는 아빠의 모습을 떠올리며 마음을 다잡았다. 그렇게 일찍 철이 들었다. 그리고 어느새 훌쩍 자라 아버지의 보호자 노릇까지 톡톡히 해내고 있었다.

"초등학교 운동회 때, 우리 아빠가 다른 아빠들과 많이 다르다는 걸 처음 알았어요."

철부지 아이에게 찾아온 낯선 깨달음은 열등감으로 작용했을지도 모른다. 어린 마음에 남들과 다른, 남들보다 부족한 아버지가 부끄러웠을지도 모른다. 그런 아버지를 숨기고 싶었을 수도, 원망했을 수도 있다. 하지만 딸은 지적 장애인 아버지를 당연한 존재로 받아들였다. 다른 이유는 없었다. 내 아버지니까. 오직 그 이유 하나였다.

평창 대회에 아빠를 응원하러 온 딸은 아빠가 속한 팀이 골을 넣을 때마다 팔짝팔짝 뛰며 기뻐했다. 적지 않은 나이에도 젊은 선수 뒤지지 않는 열정으로 경기에 임하는 아빠를 자랑스러워했다.

딸은 그런 아빠를 두고 '내 심장 같은 존재'라고 했다. 아빠 없이는 살 수 없기 때문이란다. 고등학교 1학년 무렵 잠시 떨어져 살았을 때도 아빠가 보고 싶어서 매일 울었다던 딸의 꿈은 결혼해서도 아빠와 함께 사는 것이다.

세상 누구보다 애틋한 부녀를 보며, 김재영 선수가 정말 축복받은 사람이라는 생각이 들었다. 장애 아이를 낳은 부모는 대부분 숙명으로 받아들이고 아이를 보듬지만, 장애 부모를 둔 자식은 다른 문제다. 어린 마음에 남들과 다른 부모를 받아들이기란 결코 쉽지 않았을 것이다. 더구나 자식 된 도리를 다하는 것과 각별한 애정을 쏟고 보살피는 것은 또 다른 이야기다.

하지만 그런 사랑이 김재영 선수의 딸 혼자만의 노력은 아니었다.
"형제도 없이 가족이 단 둘뿐이다 보니 아빠와 정이 더 깊을 수밖에 없어요. 아빠는 저한테 엄마 같기도 하고, 오빠 같기도 하고, 동생 같기도 해요. 보통은 제가 아빠를 챙기지만 아빠도 저한테 걱정 섞인 잔소리를 한 번씩 하세요. 날이 추우면 옷 따뜻하게 챙겨 입으라 하고, 외출했다 돌아오면 어디 다녀오는지 물어보시고…… 남들은 지적 장애인인 아빠가 다른 부모처럼 해줄 수 없을 거라 생각하겠지만 저는 전혀 부족함을 못 느껴요. 유치원 다닐 때는 아빠가 매일 자전거에 태워서 데려다 주셨어요. 그때 기억이 아직도 생생해요."

딸을 사랑하는 마음만큼은 누구 못지않은 아버지. 어린 딸도 그것을 느끼기에 아버지를 그렇게나 끔찍이 여기는 것이 아니겠는가!

흔히 지적 장애인들은 남들에 비해 모든 것이 부족하다고 여긴다. 번듯한 부모 노릇을 하지 못할 거라고 생각한다. 그렇기에 이 부녀가 각별한 것도, 딸이 일방적으로 아버지에게 도움을 주고 마음을 쓰는 것이라 짐작하곤 한다.

실제로 많은 사람이 그의 딸을 보고 대단하다고 칭송하며 박수 쳤지만, 오히려 나는 아버지로서 김재영 선수의 각별한 애정과 정성이 있었을 거라는 생각이 들었다.

왜 지적 장애인들은 받기만 하는 존재라고 생각할까? 그들도 가진 것을 나누어 줄 수 있다고는 왜 생각하지 않는 것일까? 그들도 부모로서의 위대함을 갖고 있다. 여느 부모들만큼 자식에게 사랑을 쏟지 못할 것이라는 생각은 우리의 편견일 뿐이다. 하지만 잘못된 선입견으로 우리는 쉽게 지적 장애인의 능력을 재단하고 한계까지도 함부로 속단해 버린다. 그들 역시 우리처럼 희로애락을 느끼고, 사랑을 주고받는 똑같은 사람이라는 사실을 간과한다. 김재영 선수가 딸에게 준 무한한 애정을 우리가 미처 발견하지 못한 것처럼 말이다.

이 애틋한 부녀를 보며 영화 〈7번방의 선물〉에 나오는 지적 장애인 아버지 용구가 생각났다. 딸 예승이가 갖고 싶어 하는 세일러문 가방을 그렇게도 사주고 싶어 했던 아버지, 억울한 살인 누명을 쓰고도 딸을 걱정하는 마음에 끝내 진실을 숨긴 아버지, 딸을 위해 결국 자신의 목숨까지 기꺼이 내놓은 아버지…….

물론 조금 과장된 측면은 있지만, 이 영화는 지적 장애인의 정직하고 순수한 심성과 소중한 무언가를 위해 지나칠 정도로 몰두하는

세상 누구보다 애틋한 부녀 사이를 보며,
김재영 선수가 누구보다 축복받은 사람이라는 생각이 들었다.
흔히들 지적 장애인은 부모 노릇을 제대로 하지 못할 거라고 생각하지만,
자식에 대한 애정만큼은 여느 부모 못지않다.

특성을 잘 표현하고 있다.

용구에게 딸 예승이는 무엇보다 귀한 존재였다. 지능이 떨어진다고 해서 부정(父情)까지 모자란 것은 아니다. 잘났든 못났든 아버지의 마음은 같다. 자식을 향한 사랑은 머리가 아닌 가슴에서 비롯되는 것이기 때문이다. 지적 장애인은 좋아하는 사람에 대한 애착이 훨씬 강하기에 하나뿐인 딸에 대한 사랑 역시 더더욱 클 수밖에 없다. 세상천지에 단 둘뿐인 부녀의 애틋함을 어디에 비할 수 있을까.

이 영화를 보며 수많은 사람이 함께 눈물을 흘렸던 것은 용구의 절대적인 사랑과 헌신에 절절이 공감했기 때문이 아닐까? 자식 일이라면 무모하리만치 모든 것을 내던질 수 있는 존재가 바로 부모다.

지적 장애인에 대한 선입견을 거둔다면, 아버지 용구의 사랑이 단지 극화(劇化)된 이야기가 아니라 실제 우리 주변에서 발견할 수 있는 이웃의 이야기임을 알 수 있을 것이다. 지적 장애인이라도 그 속에 담긴 사랑은 우리가 함부로 재단할 수 없을 만큼 깊고도 넓다.

개인적으로는 영화를 보며 또 다른 상념에 빠지기도 했다. 용구가 지적 장애인이 아니었다면 사형이라는 억울한 판결을 피할 수 있었을지도 모른다. 용구가 자신의 뜻을 좀 더 명확히 전달할 수 있었더라면, 아니 용구의 진실을 끝까지 알아내고자 하는 노력이 있었다면…….

가슴 아픈 여운과 함께 오래전 법정에서 만났던 소년이 떠올랐다.

1년에 두 번이나 절도를 저지른 그 아이도 지적 장애가 있었다. 보통 지적 장애인은 확실하게 주의를 받은 일은 다시 반복하지 않는다. 그런데 똑같은 잘못을 한다는 것은 누구도 제대로 가르쳐 주지 않았다는 뜻이었다.

보호자의 생활이 힘들어 아이가 제대로 된 보호를 받지 못하는 듯했다. 하지만 그 아이에게 내릴 수 있는 처분은 다시 부모에게 위탁하는 것이었다. 누구보다 큰 관심이 필요한 아이지만 그렇게 안타깝게 방치되고 있었다.

그때 내가 그 아이에게 손을 내밀었더라면, 잠깐이라도 마주 앉아 이야기를 나누었다면, 남의 물건을 훔치는 것은 잘못된 일이라고 제대로 가르쳐 주었더라면 혹시 조금의 변화라도 생기지 않았을까. 다른 마땅한 방법이 없다고 형식적인 처분만 내리고 만 것이 십수 년이 지난 지금까지도 깊은 후회로 남아 있다.

때로는 이성보다 감성이 더 나은 판결을 내리는 데 도움이 될 수도 있다는 것을 그때는 생각지 못했다. 판사는 감정에 흔들리지 않아야 한다는 신념이 너무 강했기에, 머리가 아닌 가슴으로 판단하는 것을 지나치게 경계했던 것이다.

지적 장애인 아이를 자식으로 둔 부모로서 지적 장애인을 누구보다 잘 안다고 자부해 왔으면서도, 내 시야에 갇혀 제대로 알고자 하는 노력이 부족했다. 나 역시 선입견이라는 굴레에 빠진 셈이다.

세상에 '원래 그런 것'은 없다. 시야를 가리는 높은 벽과도 같다.

선입견의 벽을 뚫고 세심한 눈으로 들여다보면 그 속에 미처 발견하지 못했던 진실이 숨어 있을 것이다. 그것을 통해 우리가 볼 수 있는 세상은 훨씬 더 넓어질 것이다.

만삭의 임산부가
스케이트화를 신은 이유

이태리 선생님은 10년 넘게 지적 장애인 피겨 선수들을 지도해 오신 분이다. 선수의 어머니들에게 정말 고마운 분이라는 말을 몇 번이나 전해 들었다. 선수 저변 확대를 위한 2012년 피겨 무료 강습회 때, 선생님은 만삭의 몸으로 직접 11명의 아이들을 가르쳤다. 강습회를 마치고 열흘 뒤에 출산했다고 한다.

아무리 코치라지만 임산부가, 그것도 얼음판 위에서 위험을 감수하고 가르친다는 것이 웬만한 열성으로 가능한 일이겠는가. 같은 여자로서 대단하다는 말을 전하자, 정작 본인은 괜찮았다며 웃었다. 그때 선생님이 지도했던 아이들 중 5명이 평창 동계대회에 선수로 출전했고 좋은 성적을 거두었다.

지금이야 눈빛만 봐도 아이들이 무엇을 원하는지 알 수 있지만,

이태리, 고성희 선생님에게 자신이 가르치는 선수들은
뱃속의 아이만큼이나 소중한 존재다.
단순히 운동을 가르치는 코치가 아니라
엄마처럼 가슴으로 품어 주는 사람이라는 것을 알기에
아이들이 지치지 않고 스케이트를 탈 수 있었던 것이 아닐까?

특수교육 전공자가 아닌 그녀가 피겨 선수 출신이라는 이유 하나만으로 처음 아이들을 맡았을 때는 시행착오도 많았다고 한다. 무엇보다 열심히 한 만큼 성과를 보여 줘야 한다는 욕심이 앞섰다. 프로그램을 짤 때도 룰에 맞춰 기술을 하나하나 채워 넣고 힘들게 아이들에게 습득시켰다.

하지만 2005년 나가노 대회에 코치로, 2009년 아이다호 대회 때 심판으로 참가하며 조금씩 생각이 달라졌다.

"저는 엘리트 스포츠를 했던 사람이니까, 또 비장애인 피겨 종목의 국제심판으로 일하고 있으니까 스페셜 올림픽도 그 기준대로 빠뜨리거나 실수를 하면 감점이 될 거라고 생각했던 거예요. 물론 기술도 중요하지요. 하지만 더 중요한 것은 선수 자신이 할 수 있는 것, 잘하는 것을 더 즐겁게, 자신 있게 해내는 거였어요."

그러한 깨달음을 얻은 뒤로 가르치는 자신도, 가르침을 받는 아이들도 훨씬 더 행복해졌다고 이태리 선생님은 말했다.

장애인 선수에게 기술 종목인 피겨를 가르치는 데는 '인내'와 '기다림'이 필요하다. 오른발을 들라고 해도 왼발을 드는 지적 장애인 선수는 한 가지 동작을 익히는 데만도 상당한 시간이 걸리기 때문이다. 게다가 피겨는 얼마나 익혀야 할 기술이 많은가. 그 과정을 지켜보는 것만으로 지치지 않았을까. 하지만 이태리 선생님은 고개를 저었다.

"비장애인도 얘기한다고 한 번에 알아듣는 건 아니잖아요. 시간이 조금 더 오래 걸리는 것뿐이죠. 점점 좋아지는 모습은 분명히 있어요."

10년이 넘게 지적 장애인들에게 피겨를 가르치는 동안 선생님의 마음을 채웠던 것은 자신의 답답함보다는 너무나도 피겨를 좋아하는 선수들의 환한 웃음이었다.

아침 8시 연습에 선생님보다 일찍 나와 기다리는가 하면, 경기가 끝나자마자 "선생님, 우리 또 언제 연습해요?" 하고 묻는 선수가 있고, 한 동작을 시키면 땀을 뻘뻘 흘리면서도 계속해서 연습하는 모습이 그렇게 사랑스러울 수가 없단다. 그것이 곤히 잠든 두 아이가 눈에 밟혀도 이른 새벽 지적 장애인 선수들을 지도하러 집을 나설 수 있었던 이유다.

피겨 종목에는 만삭의 몸으로 아이들을 지도한 또 한 분의 코치가 있다. 고성희 선생님은 만삭의 몸으로 아이들을 지도했고, 출산 후 한 달도 채 안 되어 평창으로 달려와 프레대회를 치렀다. 뜨끈한 방에서 한창 산후 조리를 해야 할 산모가 냉기로 가득 찬 얼음판으로 온 것이다. 예전 대회 때 출산으로 인해 참가하지 못했던 것이 오랫동안 아쉬움으로 남아 이번만큼은 이를 악물고서라도 끝까지 선수들 곁을 지켰다고 한다.

고성희 선생님은 지적 장애인 선수들을 가르치기 시작하면서 한 가지 결심한 것이 있다고 했다.

'선수들이 스케이트를 싫어하게 만들지 말자. 즐겁고 신 나게 탈 수 있게 하자.'

언뜻 보면 평범하게 느껴지는 이 철칙은 자신이 현역 선수였던 시절, 무서운 코치 선생님에게 스케이트를 배웠던 경험으로부터 나온 것이라고 한다. 하나부터 열까지 혼만 나다 보니 스케이트가 그저 지겹고 하기 싫은 운동일 뿐이었단다. 그러한 과거의 경험은 반면교사(反面敎師)가 되었다.

아이들이 기본적인 단계를 넘기도 전에 반복 훈련에 지쳐 포기하고 싶을까 봐 선생님은 그 고비를 넘을 때까지 어느 때보다 큰 관심을 기울였다.

방법은 칭찬과 격려였다. 조금만 잘하면 "정말 잘했어!" 하고 기를 살려 주고, "이것만 조금 더 하면 진짜 멋지겠다" 하는 식으로 끊임없이 동기 부여를 하며 의욕을 잃지 않도록 독려했다. 한 가지씩 기술을 익혀 가며 선수들은 점점 성취감과 자신감을 얻었고, 스스로 계속해 나갈 수 있는 힘이 생겼다.

두 선생님에게 자신이 가르치는 선수들은 뱃속의 아이만큼이나 소중한 존재다. 이태리 선생님은 선수들 이야기를 할 때마다 "우리 아이들"이라는 표현을 썼다. 가르치기 힘들지 않았느냐고 물어도 "우리 아이들이 다 착해서" 괜찮았다고 했다. 이렇듯 단순히 운동을 가르치는 코치가 아니라 엄마처럼 가슴으로 자신을 품어 주는 사람이라는 것을 알기에 아이들이 지치지 않고 스케이트를 탈 수 있었던 것이 아닐까?

　두 사람은 스케이트를 열심히 타면서 운동뿐 아니라 아이들의 삶 전체에 긍정적인 변화가 일어나는 모습을 지켜보며 그간의 노력이 헛되지 않음을 느낀다고 입을 모았다.

　한 사람의 인생을 변화시키는 것보다 더 위대한 일이 있을까. 헬멧 쓰고 빙판에서 뒤뚱뒤뚱 걷는 것부터 시작했던 아이들이 1년이 채 못 되어 'OOO 선수'라는 이름으로 대회에 나가는 기적이 가능했던 것은 선수와 코치를 넘어 인간적인 신뢰를 쌓고 마음으로 소통한 덕분이라고 나는 생각한다.

　　　　　　얼마 전, 가까운 정치권 인사에게 전화 한 통을 받았다. 오랜만의 연락이라 반가움이 앞섰다. 무슨 일인가 싶어 얼른 전화를 받았다. 형식적인 인사 한마디 없이 다짜고짜 부탁부터 했다.

　급한 사정이 있나 보다 생각하면서도 섭섭함이 밀려왔다. 필요에 의해서만 나를 찾는다 싶으니 마음의 문이 턱 하고 닫혀 버렸다. 오랜 시간 같이 활동하며 쌓아 온 신의가 한순간에 허물어지는 느낌이었다.

　전화를 끊고 나니 너무 매몰찼던 게 아니었나 싶기도 했다. 약간의 후회와 함께 예전 나의 모습도 떠올랐다. 나 역시 성급함으로 다른 이의 마음을 닫히게 했던 적이 많았다. 많은 일정을 소화하려면 미팅 시간은 고작해야 이삼십 분일 수밖에 없었다. 용건만 주고받기도 빠듯한 시간인데, 사람들은 대부분 안부 인사나 근황을 이야기하며 쉽사리 속내를 꺼내지 않았다. 다급한 마음에 "본론을 말씀해 보세요"라고 재촉해도 대화는 겉돌기 일쑤였다.

스페셜올림픽을 준비하는 동안 '을'의 위치에서 부탁하고 협조를 구할 일이 많았다. 막상 내가 그 입장이 되고 보니 쉽사리 '용건만 간단히'가 되지 않았다. 상대가 천천히 들어줄 여유가 없다 싶으면, 하고 싶은 말의 십분의 일도 다 못 꺼내고 돌아올 때도 많았다. 부탁을 받던 자리에서 부탁을 하는 자리로 옮겨 보니 비로소 두 입장 모두 이해가 되었다. 상대의 입장에 서보지 않고 그의 마음을 헤아리기란 쉽지 않은 일이다.

이태리, 고성희 두 선생님과 지적 장애인 선수들의 깊은 교감 역시 자신의 입장보다는 아이들의 입장에서 어떻게 다가가야 마음을 열고 받아들일지, 어떻게 가르쳐야 지치지 않고 자신감을 가지고 계속 운동할 수 있을지 상대의 입장에서 충분히 생각한 덕분이었을 것이다.

오해와 이해는 종이 한 장 차이 아닐까. 내 중심에서 생각하느냐, 상대방 입장에서 생각해 보느냐에 따라 소통과 불통이 갈린다. 그렇기에 상대의 마음을 연다는 건 그의 마음을 먼저 헤아리는 것이 아닐까.

나를 중심에 두는 것이 아니라 그의 입장에서 먼저 생각해 보는 헤아림이야말로 이해를 바탕에 둔 소통의 정공법일 것이다.

기적의 비밀

평창 스페셜올림픽을 보고 간 사람은 모두 합해 17만 명. 역대 스페셜올림픽 역사상 최다 관객이 동원됐다. 서울에서 세 시간이 걸리는 먼 거리, 영하 15도를 오가는 혹한에 눈이라도 내리면 교통이 마비되는 열악한 조건. 1만 명이 채 안 되는 강원도 평창군에 인구의 17배에 달하는 사람들이 모여들었다. 이유는 단 하나, 스페셜올림픽을 보기 위해서였다.

누군가는 기적이라고 했고, 누군가는 전략의 승리라고 했다. 모두 맞는 말이다. 역대 최대 규모, 최다 관객 동원 등 기록적으로도 큰 의미가 있는 행사라는 평가는, 머리로 가슴으로 우리가 할 수 있는 모든 것을 총동원한 결과였다.

2012년 여름, 런던 패럴림픽에서 대회의 티켓이 모두 매진된 것을 보고 엄청난 자극을 받고 온 터였다. 국민 의식이 높은 선진국이라지만 장애인 올림픽에 이만한 호응과 열기라니. 장애인에 대한 영국 시민들의 높은 관심이 무엇보다 큰 이유인 듯했다.

"우리 대회도 불가능한 것만은 아닙니다. 평창 스페셜올림픽이 집안 잔치로 끝나서는 큰 의미가 없어요. 한 명이라도 더 보여 줍시다. 그게 가장 중요해요. 한 명이라도 더 보면, 한 사람의 인식이 바뀔 수 있습니다. 그 한 명이 열 명이 되고 백 명이 될 수 있게 방법을 찾아 봅시다."

사실 관중이 얼마나 왔는가는 대회 평가에 큰 영향을 미치는 요소는 아니다. 기존 대회에 준하는 형식과 규모를 갖추고, 대회 자체만 그럴싸하게 치러도 성공이라고 자족할 수 있다. 그러나 우리에겐 세상을 바꾸겠다는 커다란 목표가 있었다. 형식이 아닌 내용으로, 명분이 아닌 의미로 사회에 긍정적인 영향을 미치고 싶었다.

그러기 위해서는 한 사람의 관객이라도 더 모을 수 있는 전략이 필요했다. 아무리 선의에 입각한 활동이라 해도 치밀한 전략은 필요한 법이다. 홍보팀과 함께 크게 세 가지 판매 전략을 짰다.

첫 번째로 '스페셜 패스'라는 1만 원짜리 입장권을 만들었다. 관람객들이 티켓 한 장으로 스페셜올림픽 전 경기를 관람하는 것은 물론, 강원도를 여행하는 기회도 가질 수 있도록 15만 원 상당의 각종 할인과 무료입장 혜택을 제공했다. 월정사, 이효석문학관,

처음에는 비자발적으로 참여했던 분들도 돌아갈 때만큼은
"오길 잘했다"며 하나같이 감동을 안고 돌아갔다.
관람객 17만 명이라는 성과보다는 우리 대회를 지켜본 관객들이
가슴속 뜨거운 무언가를 느꼈다는 것이
더 의미 있는 성공이라고 생각한다.

오죽헌은 무료관람이 가능하고, 대관령 양떼목장과 각종 지역축제, 바다열차, 레일바이크 등은 50퍼센트 할인 혜택이 있었다. 스키를 즐기는 이들을 위해 스키장 관련 시설 할인도 포함시켰다.

특히 송어축제와 눈꽃축제가 폐막식 전에 끝나는 탓에 서로 입장객을 늘리는 차원에서 축제 기간을 연장시켜 달라고 설득했다. 그 덕분에 스페셜패스 한 장으로 더 다양한 혜택을 누릴 수 있게 되었다.

'당신의 만 원이 세상을 바꿉니다.'

티켓 한 장의 사회적 의미를 강조해 홍보 카피를 만들었다. 사람들에게 우리 대회의 참여를 독려하는 캐치프레이즈이기도 했다. 단순히 경기를 관람하거나 관광지를 체험하는 데 그치지 않고, 지적 장애인에 대한 관심과 인식을 높일 수 있었으면 하는 바람을 담았다.

두 번째는 경기 관람을 하는 학생들에게 자원봉사 점수를 주는 방법이었다. 원래 대회 응원은 자원봉사에 포함되지 않는 것이 원칙이지만, 교과부와 협의해 허용할 수 있도록 했다. 방학이면 전국의 학생들이 자원봉사 점수를 받기 위해 이곳저곳을 찾아다닌다. 그런 학생들이 지적 장애인들의 경기를 보며 박수 치고 응원하는 것도 좋은 의미의 봉사활동이 될 수 있을 거라는 생각이 들었다.

교과부를 통해 전국 학교에 공문을 보냈고 전국 시도 교육감들이 모이는 회의에 참석해 공식적인 협조를 구했다. 발언할 시간으로 딱

10분이 주어졌다. 그 10분을 위해 대전으로 달려가 교육감들을 설득했다. 결과는 대성공. 그 덕분에 전국의 많은 학생이 스페셜올림픽을 알게 되었고, 직접 체험할 기회를 얻을 수 있었다.

학생들뿐 아니라 군인들도 관중 동원에 한몫을 해주었다. 국방부 장관을 만나 국군 장병들의 정신 교육에 도움이 될 것이라며 단체 관람을 요청했다. 건강한 신체와 정신을 가진 것에 감사함을 느끼고, 지적 장애인 선수들의 값진 노력의 의미를 느낄 수 있다는 취지에 공감해 흔쾌히 수락해 주었다.

갑작스러운 폭설로 어려움을 겪었을 때 제설 작업에도 큰 도움을 주었던 군인들은 스페셜올림픽의 숨은 조력자였다. 그리고 스페셜올림픽이 끝난 후 공모한 수기에도 응모해 그때의 감동과 더불어 열심히 살아야겠다는 의지를 표했다.

마지막은 2018년 평창 동계 올림픽과 연계한 홍보였다. 올림픽이 열릴 경기장 두 곳을 스페셜올림픽에서 미리 이용하기로 되어 있었던 것이다. 관람객들에게 평창 동계 올림픽을 미리 경험할 수 있는 기회라고 홍보했다.

이 세 가지를 포인트로 잡아 일반 관람객을 대상으로 티켓을 판매했다. 그러나 단체로 자리를 채워 줄 동원 관중도 상당수 필요한 것이 현실이었다. 일등공신은 다름 아닌 평창군민과 강릉시민들이었다. 좋은 취지의 행사다 보니 지역 주민들의 관심과 애정도 남달랐다. 날마다 평창과 강릉에서 번갈아 주민들이 단체로 참석해 열띤 응원을 해주었다.

　그렇지만 무조건 입장객 수를 늘리려고 강제적 동원을 하는 것은 본래의 목적에 어긋나는 일이었다. 동원이 아닌 약속을 하자. 자발적으로 참석하겠다는 약속을 한다면, '억지로'가 아닌 '기꺼운' 마음으로 대회를 관람하러 올 것이라 생각했다.

　스페셜올림픽에 참여하는 세계 110여 개국 나라와 우리나라의 각 단체들이 자매결연을 맺기로 했다. 러시아와 고려대, 베네수엘라와 상명대, 헝가리와 월정사 등 국가별로 일대일 짝을 맺었다. 불교, 기독교, 천주교, 원불교 등 종교 단체는 물론이고 전국의 대학들, 각 사기업과 공기업까지 가능한 모든 곳을 일일이 접촉해 폭넓은 결연을 이끌어 냈다.

　이렇게 자매결연을 맺은 단체들은 스스로 버스를 대절해 경기 관람을 와주었다. 주말에는 용평 돔 앞에 삼사십 대의 버스들이 줄줄이 늘어서 교통이 마비되다시피 했다. 우리 대회를 보기 위해 이렇게 많은 사람들이 몰려들다니, 런던 패럴림픽에서의 충격과 감동 그 이상이었다. 눈앞에 펼쳐지는 놀라운 광경이 그저 경이로울 따름이었다.

　대회 기간 중 도선사 주지 선묵혜자 스님이 월정사에 오신다는 이야기를 전해 들었다. 순례단과 함께 108 산사 순례를 하시는 중이었다. 반가운 마음에 우리 대회도 들러 구경하고 가시라고 부탁드렸다.

"스님, 여기까지 오신 김에 스페셜올림픽도 응원해 주고 가세요. 이만한 공덕이 또 어디 있겠습니까."

분홍색 조끼를 맞춰 입은 1,500명의 순례단이 용평 돔을 꽉 채운 모습은 가히 장관이었다. 뿐만 아니라 가톨릭의 염수정 대주교님은 개막식에 참석해 주셨고, 조계종의 총무원장 자승 스님은 대회 중 시상식에도 나서 주셨다. 기독교에서는 6개 대형 교회가 해외 선수들을 위한 호스트타운 프로그램을 맡아 주었다. 종교를 불문한, 그야말로 스페셜올림픽의 '투게더 위 캔' 정신이었다.

평창 스페셜올림픽에 참석한 관중의 수준은 런던 시민들 이상이었다. 얼음판에서 겨우 걸음을 떼는 스케이트 선수에게도, 도중에 포기하고 울면서 코치에게 달려가는 선수에게도 자리에서 일어서서 박수 쳐주고 끝까지 응원했다.

처음에 비자발적으로 참여했던 이들도 돌아갈 때만큼은 "오길 잘 했다"며 하나같이 감동을 안고 돌아갔다. 그 마음의 변화가 무엇보다 기쁘고 뿌듯했다. 그런 변화를 가능케 했던 건 조직위원회의 홍보 전략도, 대회 규모도 아니었다. 그것은 전적으로 선수들이 주는 감동이었다.

관람객 17만 명의 성과는 어떻게 하면 더 많은 사람들이 찾아 줄까 하는 고민에서 시작되었지만, 자발적이든 아니든 간에 우리 대회를 지켜본 관객들이 가슴속에 뜨거운 무언가를 느꼈다는 데 더 큰 성공의 의미가 있다고 생각한다.

수많은 단체들과 자매결연을 맺으며 동원이 아니라 약속임을 강조한 것은 의무적이나마 우리 대회에 참여하면서 스스로 그 의미를 찾기를 바랐기 때문이었다. 누구나 마음속에는 남을 도우려는 호의가 있다. 이를 표출시키는 것은 그 마음을 어떻게 건드려 주느냐, 어떻게 행동으로 이끌어 내느냐에 달려 있다.

사람의 마음과 마음 사이에는 눈에 보이지 않는 연결 고리가 있는 것이다. 명분을 내세우기보다는 서로 간의 의미를 공유할 때 비로소 그 지점을 찾을 수 있다. 하나의 목표를 위해 합심할 때 그것이 어떤 의미가 있는지를 서로 나누는 것이다. 그리고 그것은 스페셜올림픽에 대한 진지한 애정으로 발전될 수 있었다.

사실 스페셜올림픽에 심적, 물적으로 많은 도움을 주신 분들 중에는 차마 겉으로 밝히지 못하는 아픔이 있는 경우도 많았다. 나 역시 지적 장애인 부모라는 어려움이 있기에, 그들은 자신의 상처를 나에게 털어놓으며 진솔하게 다가왔다. 그중에는 나처럼 지적 장애인 아이를 키우고 있다며 뒤늦게 고백하는 이들도 있었다. 이렇게 깊은 교류를 나눈 이들은 마치 자기 일처럼 스페셜올림픽을 위해 누구보다 앞장서 주었다.

서로의 마음속으로 들어간다는 건 분명 노력과 용기가 필요한 일이다. 그러나 그렇게 뭉친 두 마음은 엄청난 시너지를 발휘한다. '여기까지만 같이'라며 선을 긋지 않고 그 너머까지 손을 내밀 수 있다면, 서로에게 기꺼이 친구가 되어 줄 수 있다면, 미처 짐작하지 못했던 긍정적인 변화가 스스로에게 일어나는 것을 발견하게 될 것이라고 믿는다.

chapter 4

끝나지 않은 이야기

스페셜올림픽에서 보낸 시간을 떠올리며 가슴이 뜨거워지는 것은
그 순간 자신의 모든 것을 쏟아냈음을 몸이 기억하고 있기 때문이 아닐까

경기를 멈추지
말아 주세요

그는 스포츠를 사랑했습니다. 특히 축구를 좋아했지요.
그는 스페셜올림픽을 사랑했습니다.
그는 스페셜올림픽과 더불어 세계 각국을 다녔고,
어디를 가든 친구들을 사귀었습니다.
그리움으로 가득한 우리 마음속 깊이 그는 언제나 함께할 것입니다.

스페셜올림픽의 폐막식. 환하게 웃는 청년의 얼굴이 자막과 함께 대형 스크린 속에 떠올랐다. 맨섬(Isle of Man)의 국가대표로 대회에 참가한 지적 장애인 선수 개리스 데렉 코윈이었다. 전 세계에서 온 106개국 선수단과 4천여 명의 관중이 모두 고개를 숙였다. 며칠 전 한국에서 숨을 거둔 그를 위한 묵념이었다.

사망 원인은 패혈증. 세균과 미생물이 온몸에 퍼져 모든 장기에 장애를 일으키는 병이었다. 스페셜올림픽 참가 선수의 죽음은 그야말로 청천벽력이었다. 한국에 온 지 나흘 만의 일이었다. 사활을 걸고 치료에 최선을 다했지만 그는 끝내 의식을 회복하지 못했다.

호스트타운 프로그램에 참여 중이던 코원 선수가 갑작스러운 고열 증세를 보였다. 입국 다음 날이었다. 병원에서는 고열의 원인을 바이러스 감염으로 추정했다. 그가 입원했다는 보고를 받자마자 병원장과 통화를 했다. 증세를 볼 때 한국에 오기 전에 이미 발병한 것으로 보인다는 소견이었다. 책임 소재나 비용 문제는 따지지 말고 가능한 모든 치료를 적극적으로 해달라고 부탁했다.

맨섬에 있는 코원 선수의 부모님에게도 긴급히 연락을 취하고, 조직위원회 전담 직원 한 명을 곧바로 병원으로 보내 경과를 지켜보도록 했다. 아침 일찍 병원으로 이송될 때 함께 이동했던 자원봉사자가 그 사이 혼자 코원 선수를 지키며 큰 역할을 해주었다.

대회 기간 동안 가장 걱정되는 것이 바로 사건사고다. 어디서 무슨 문제가 터질지 모르기 때문이다. 지적 장애인 선수들의 스포츠 경기다 보니, 무엇보다 안전사고에 대비하는 것이 중요했다. 일반적인 설상 경기에서는 이중으로 치는 펜스를 스페셜올림픽에서는 삼중으로 설치했다. 급경사에서 빠르게 내려오던 선수가 혹시라도 속도 제어를 하지 못할 경우를 대비한 것이다.

선수들의 질병 관리에도 많은 신경을 썼다. 전 세계 각지에서 선수들이 오다 보니, 갑작스러운 환경 변화로 적응에 어려움을 겪는 경우가 간혹 있었다. 특히 추운 날씨에 익숙지 않은 선수는 몸에 무리가 오기 쉽기 때문에 각별한 주의가 필요했다. 그렇게 만전을 기해도 코원 선수의 경우처럼 예상치 못한 상황이 부지기수로 벌어졌다.

코원 선수가 입원하고 하루하루 피가 말랐다. 조직위원장은 한시도 긴장을 놓을 수 없는 자리라는 사실이 뼈저리게 와 닿았다. 의료진은 최선의 노력을 다했지만 회생 가망이 희박하다고 했다. 사망 확률이 높다는 말을 듣고는 밤잠을 이룰 수가 없었다. 제발 일어나야 할 텐데……. 소중하지 않은 목숨이 어디 있겠는가마는, 스페셜올림픽의 선수들은 정말이지 자식만큼이나 귀한 존재였다. 더구나 한국 대회에 참가하기 위해 지구 반대편에서 찾아온 선수가 아닌가!

애끓는 부모의 심정은 또 어떨까 생각하니 비통하기 그지없었다. 한평생 걱정 가실 날 없이 키워 온 자식이 하루아침에 눈을 감게 되었다는 사실을 받아들여야 한다니, 얼마나 가혹한 일인가. 나 역시 지적 장애인 아이를 키우는 부모이기에 더더욱 가슴이 미어졌다.

입원 사흘째, 개막식 다음 날 저녁이었다. 각국 대통령을 비롯한 VIP 만찬을 앞두고 있는 시각, 휴대전화로 연락이 왔다. 예감이 좋지 않았다. 코원 선수가 결국 사망했다는 메시지였다. 눈앞이 아득해지는 것만 같았다. '아까운 목숨을 이렇게 잃는구나…….'

최선의 조치를 취하기는 했지만 도의적 책임까지 지워지는 것은 아니다. 코윈 선수의 부모님을 어떻게 대면해야 할지 눈앞이 캄캄했다. 언론에서 쏟아질 비난은 차라리 뒷전이었다.

　　　　유품을 챙기기 위해 코윈 선수의 아버지가 강릉으로 오신다는 말을 듣고 바로 찾아갔다. 어떻게 위로의 말을 꺼내야 하나 속으로 수없이 고심했다. 자식의 죽음 앞에 어떤 말이 위로가 되겠는가. 마음이 너무나 무거웠다. 어찌 됐든 한 치의 의혹 없이 모든 것을 사실대로 이야기하는 것이 중요하다고 생각했다.

　강릉 기숙사 앞에 코윈 선수의 아버지로 보이는 분과 맨섬 선수단이 모여 있었다. 그런데 누구 하나 침통한 기색 없이 웃으며 대화를 나누고 있는 게 아닌가! 깜짝 놀랄 일이었다. 무슨 분위기인가 싶어 당황했다. 내가 다가가 뭐라 말을 건네기도 전에 선수의 아버지가 먼저 입을 열었다.

　"나는 우리 아들 때문에 스페셜올림픽이 방해받는 것이 싫습니다. 스페셜올림픽은 너무나 중요한 대회입니다. 아들의 죽음으로 대회가 중단되는 것은 원하지 않습니다."

　전혀 예상치 못한 말이었다. 코윈 선수의 아버지는 너무나 차분한 얼굴이었다. 믿기지 않을 만큼 의연하게 대처하는 그의 모습이 그저 놀랍고, 또 한없이 죄송할 뿐이었다.

　"당신은 정말 위대한 아버지입니다……."

　위로받아야 할 사람이 도리어 위로를 해주다니, 어떻게 이런 상황에서 그는 남을 배려할 수 있는 것일까. 그는 덧붙여 말했다.

"우리 맨섬 선수단이 너무 슬퍼하고 있습니다. 이들을 격려해 주려고 이곳에 왔습니다. 모두 기운을 내서 아들의 몫까지 경기를 잘 치러 줬으면 합니다."

아들의 죽음으로 침울해하는 선수단을 위해 오히려 더 밝은 얼굴로 그들을 대했던 것이다. 그제야 조금 전의 모습을 이해할 수 있었다. 자식을 잃은 부모가 이렇게나 강건한 모습을 보일 수 있다니, 더욱 숙연해졌다. 어느 누구도 쉽게 할 수 없는 일이다.

그는 아들이 한국에서 최선의 보살핌을 받았음을 잘 알고 있다고 나를 위로했다. 잠시나마 보상 문제가 불거지지 않을까 염려했던 내가 부끄러워졌다.

우리에게 아무 잘못이 없다 한들 자식 잃은 부모라면 누구에게라도 책임을 돌리고 싶지 않을까? 일단은 부정하고 싶은 것이 부모의 마음일 것이다. 우리가 최선을 다했다는 것을 객관적으로 알고 있더라도 주관적으로는 받아들이기 힘들지 않겠는가. 하지만 그는 조금도 원망하는 기색 없이 차분하게 자신의 뜻을 전했다.

맨섬 선수단이 기숙사로 올라가고 둘이서 대화를 이어 나갔다. 그는 스페셜올림픽과의 특별한 인연을 들려주었다. 축구 코치를 맡았던 적도 있다고 했다. 이야기 중간중간, 스페셜올림픽에 대한 그의 애정이 깊게 배어났다.

"아들이 스페셜올림픽에 참가할 때마다 항상 같이 가곤 했습니다.

"우리 아들 때문에 경기를 중단하진 말아 주세요.
스페셜올림픽은 아들의 목숨만큼이나 소중한 가치가 있습니다."
올림픽 기간 중 세상을 떠난 코윈 선수의 아버지,
그의 마지막 바람은 많은 이들을 숙연하게 했다.

그런데 사업 때문에 이번만 제가 못 따라온 겁니다. 처음으로 아들 녀석을 혼자 보낸 건데……."

순간 그의 목소리가 떨리는 듯했다. 빨갛게 충혈된 눈에 눈물이 고였다. 그는 뒤로 돌아서 말없이 눈물을 닦았다. 선수의 아버지가 어떤 심정이었을지 백 번 천 번 이해할 수 있었다.

그가 아들 곁에 있었더라면, 최악의 상황은 막을 수 있었을지도 모른다. 부모만큼 아이의 세심한 변화를 알아차릴 수 있는 사람은 없다. 코윈 선수의 아버지도 같이 있었더라면, 열이 조금 오른 초기에 바로 조치를 취할 수 있었을지 모른다.

하루 이상 열이 오르고 다른 사람이 느낄 정도가 되어서야 병원에 갔던 것이 어찌 한스럽지 않겠는가. 내가 따라왔더라면 아들이 죽지는 않았을지도 모른다는 생각이 어떻게 들지 않겠는가. 그럼에도 의연했던 아버지의 눈물 한 방울이 그 어떤 오열보다 가슴을 아프게 했다. 위대한 아버지의 뜨거운 눈물이었다.

스페셜올림픽 조직위원회를 대표해 진심으로 안타까운 마음을 전했다. 나는 송구하게도, 자식의 죽음 앞에서도 평온을 잃지 않으려 애썼던 그에게 도리어 위로를 받고 힘을 얻어 왔다. 남은 기간 대회를 더 잘 치러야겠다는 사명감과 책임감이 더욱 커졌다.

나는 폐막식에서 코윈 선수를 추모하여 그의 아버지의 소중한 뜻을 전했다. 갑작스러운 아들의 죽음에도 애써 의연했던 그의 이야기를 숙연하게 듣고 있던 객석에서 뜨거운 추모의 박수가 쏟아졌다. 국제 스페셜올림픽위원회와 대회 조직위원회는 안타깝게 세상을 떠난 청년에게 깊은 애도의 뜻을 전했다.

"코원 선수의 사망은 스페셜올림픽 무브먼트에 너무나도 큰 손실입니다. 고인의 가족, 동료 선수들과 아픔을 함께하고자 합니다. 스페셜올림픽 가족 모두 코원 선수가 우리 곁을 떠난 것을 진심으로 슬퍼하고 있습니다. 코원 선수에게 이 대회를 헌정합니다."

맨섬의 선수단은 코원 선수 아버지의 소중한 뜻에 따라 대회 출전을 포기하지 않았고, 슬픔을 추스르고 끝까지 최선을 다해 경기에 임했다. 그에게 전해 받은 뜨거운 사명감이 선수들의 마음속에서도 큰 힘이 되었으리라 믿는다.

우리 아들 때문에 경기를 중단하진 말아 주세요.
스페셜올림픽은 아들의 목숨만큼이나 소중한 가치가 있습니다.

아들을 보내는 아버지의 마지막 바람이었다.

디테일의
힘

스페셜올림픽이 끝난 뒤, 젊은이들을 만나느라 하루하루가 바쁘다. 강연 때문이다. 한창 중요한 시기에 있는 그들에게 나의 이야기가 조금이나마 쓸모 있기를 바라는 마음에, 강단에 설 때마다 가슴이 두근거린다. 상황에 맞춰 강연 내용은 그때그때 바뀌지만, 전하는 메시지는 두 가지로 압축된다.

미쳐라(Go Crazy).
다르게 하라(Be different).

남다른 열정과 차별성을 꼭 강조한다. 이 두 가지에 일의 시작과 끝이 달려 있기 때문이다. 뜨거운 열정은 끝까지 몰두하는 성실과 끈기로 일의 완성도, 즉 디테일을 높인다. 색다른 시도와 도전은 나만의 차별점을 특화시키는 창의성, 즉 크리에이티브를 키운다.

디테일과 크리에이티브, 이 둘은 언뜻 보면 모순된 조합 같지만 볼트와 너트처럼 상호 보완적 관계이다. 둘 중 하나라도 부족하면 균형을 잃고 만다. 완성도가 떨어지는 크리에이티브는 실현 가능성이 떨어지고, 창의성이 부족한 디테일은 구태의연하다.

이제 막 입사한 신입사원에게 맡겨지는 일은 복사 같은 기본적인 업무가 대부분이다. 종이 한 장을 복사하더라도 조금씩 다르게 해보는 데서 디테일과 크리에이티브를 키우는 훈련이 이루어진다. 하루는 종이 위쪽에 여백을 넣고, 다음 날은 아래쪽에 여백을 넣으면서 어떤 것이 더 나은지 찾아보는 것이다.

매일 반복하는 일도 '어제하고는 다르게 해야지' 생각하면 열정이 생기고 혼이 담긴다. 어떤 일이든 완성도를 높이는 것은 마지막 1퍼센트에 달려 있다. 늘 하던 대로 하면 그 수준을 벗어날 수 없다.

세심한 관찰과 집요한 고민, 꼼꼼한 마무리는 일의 완성도를 높이고, 창의적인 발상과 차별화된 시도는 신선하고 획기적인 결과물을 낳는다. 디테일이라는 탄탄한 뿌리를 바탕으로 크리에이티브라는 풍성한 열매를 맺을 수 있는 것이다.

스페셜올림픽을 준비하면서 직원들에게 가장 강조했던 것도 바로 디테일과 크리에이티브, 이 두 가지였다. 대회를 성공적으로 치르기 위해 무엇보다 유념해야 할 문제이기도 했다. 대회를 50여 일 앞두고 조직위원회 직원들과 워크숍을 할 때였다. 직원들 모두 잘해 보자는 열의에 차 있었지만 도무지 틀이 잡히지 않았다.

지적 장애인에 대한 인식이 부족한 데다 저마다 의견을 내다 보니 중구난방이었다. 130명의 직원들이 하나로 모아지는 힘이 너무나 약했다. 이대로는 정체성 없는 스페셜올림픽이 될 것이 불 보듯 뻔했다.

그동안 우리나라가 국제 행사를 워낙 많이 치른 덕에 실무적인 부분은 잘 준비되고 있었다. 문제는 비전과 목표가 불확실하다는 데 있었다. 알맹이 없이 껍데기만 지어 놓은 느낌이라고 할까. 평창 스페셜올림픽만의 철학을 갖고 우리가 나아갈 방향을 설정하는 것이 시급했다.

아침부터 늦은 오후까지 직원들의 이야기를 쭉 들으면서 전체적인 틀을 잡아 나갔다. 흩어져 있는 의견들을 모아 보니 대략 네 가지 분야로 나뉘어졌다.

올림픽의 중심이 되는 '스포츠' 부문, 지적 장애인들이 예술적 재능을 발휘할 '문화' 부문, 선수들에 대한 관심을 이끌 '스토리' 부문, 세심하고 빈틈없는 준비로 대회의 완성도를 높이는 '디테일' 부문. 스페셜올림픽이라는 커다란 판을 스포츠 올림픽, 문화 올림픽, 스토리 올림픽, 디테일 올림픽으로 세분화하고 그에 따른 전략도 마련했다. 스페셜올림픽의 4대 비전은 그렇게 완성되었다.

처음에는 갈피를 못 잡아 헤매던 직원들도 4대 비전이라는 명확한 목표를 중심으로 세부적인 준비를 해 나갈 수 있었다. 스포츠 올림픽은 선수들의 도전을 격려하자는 것, 문화 올림픽은 장애인과 비장애인이 화합하자는 것, 스토리 올림픽은 이면에 숨겨진 이야기에 관심 갖게 하자는 것, 디테일 올림픽은 하나부터 열까지 지적 장애인이 중심이 되어야 한다는 것임을 다시금 되새겼다.

어디로 갈지 정해지자 어떻게 가야 할지도 알 수 있었다. 우리 조직위원회 직원들은 하나가 되어, 그 배가 정확한 목표를 향해 가도록 부지런히 노를 저었다.

스페셜올림픽 조직위원회는 사실상 공무원 조직이라고 해도 과언이 아니다. 130명 중에 100명가량이 강원도에서 파견된 공무원이고, 나머지는 민간 출신의 전문가들이었다.

공무원들은 조직의 특성상, 형식화된 일을 처리하는 능력이 뛰어나다. 업무 원칙을 준수하고 완결성이 높은 강점이 있지만, 새로운 일을 시도해 보려는 도전 의식은 상대적으로 낮은 편이다. 민간에서 온 직원들은 창의성이 높고 의욕적인 데 반해, 업무 형식을 갖추는 능력은 조금 부족한 면이 있다.

이 둘이 서로 부족한 점을 보완해서 윈윈할 수 있게 디테일과 크리에이티브를 업무적으로 연결하도록 했다. 여태까지 해오던 대회라고 해서 이전과 똑같이 준비해서는 절대 나아질 수 없다. 아주 작은 것이라도 바꿀 것은 없는지, 어떤 점에서 변화를 주고 발전시킬 수 있을지 처음부터 살펴보고 파악하려는 노력이 필요했다. 책상에 앉아 머릿속으로만 생각하지 않고, 일단 현장에 나가려고 한 것도 그런 이유에서다.

무엇보다 도움이 된 것은 2008년 베이징 올림픽에서의 경험이었다. 국회의원 시절 방문한 베이징 올림픽은 어느 때보다 고생스러웠던 기억으로 남아 있다. 보안을 위한 교통 통제 때문에 버스를 타기 위해 한 시간이 넘도록 걸어야 했던 것이다. 화려한 개막식의 황홀감에 젖어 있던 그때, 고생길이 시작될 줄 누가 알았으랴.

높은 구두 때문에 걷기가 힘들어 단화로 갈아 신었는데, 새 신발이라 발이 다 까지고 말았다. 신을 벗고 맨발로 걸으니 아스팔트 바닥이 고역이었다. 울퉁불퉁한 바닥을 피해 페인트칠 된 줄을 따라 겨우 발을 디뎌 숙소에 오니, 자정을 훌쩍 넘긴 시각이었다.

나 같은 관중이야 조금 피곤하고 말면 그만이지만, 선수들이 힘든 것은 진짜 문제였다. 늦게까지 피로가 쌓여 경기에도 지장이 생길 수 있으니 말이다. 이런 경험을 떠올려 평창 대회를 준비하면서는 여러 번 시뮬레이션을 했다. 어떻게 하면 선수들을 안 춥게 하고, 덜 걷게 할지 방법을 찾기 위해 고심했다.

작은 예지만 '핫팩 도시락' 역시 고심 끝에 나온 결과물이다. 추운 날씨 때문에 스티로폼 용기에 담아 와도 도시락은 금방 식어 버렸다. 조금이라도 따뜻한 밥을 먹이고 싶은 마음에 방법을 고민했다.

'아 보온체는 있는데 발열체가 없어서 그렇구나!' 그래서 도시락마다 핫팩을 하나씩 넣게 되었다. 이름하여 핫팩 도시락이다.

올림픽 개·폐막식의 하이라이트인 선수 퍼레이드 준비도 난관에 부딪혔다. 용평 돔이 너무 작아 선수와 가족들 외에 관객들이 앉을 자리는 300석밖에 없었다. 겨우 300명이 치는 박수로는 아무래도 너무 썰렁할 것 같았다. 그래서 생각한 방법이 선수들을 미리 앉혀 놓는 것이었다. 퍼레이드 입장 순서까지 밖에서 기다리는 것보다는 훨씬 덜 추울 것이고, 자리에 앉아 있는 다른 선수들은 박수를 쳐줄 수 있으니 일석이조 아닌가.

선수들이 버스에서 내리는 시간을 재기 위한 시뮬레이션도 수차례 계속되었다. 동선이 꼬이지 않고 차례로 들어가려면 어느 섹터부터 호명해야 하는지도 마지막까지 체크했다. 그렇게 꼼꼼히 준비해도 막상 현장에서 어떤 문제가 생길지 모른다. 그러니 가능한 한 미리 대비해 두어야 문제를 최소화할 수 있었다.

흔히 창의적인 생각은 우연하게 얻어지는 것이라 생각한다. 머릿속에서 번쩍하고 떠오르는 순간적인 아이디어라고 말이다. 물론 절반은 맞는 말이다. 바쁘게 움직이던 뇌가 휴식하는 사이, 마구 엉켜 있던 정보들이 정리되면서, 궁리하고 있던 문제에 대한 실마리가 탁 하고 풀리기 때문이다. 그러나 전제는 다양한 지식들이 밑바탕에 깔려 있어야 한다는 것이다. 인풋(in-put)이 있어야 아웃풋

크리에이티브라는 감을 따느냐 마느냐는,
얼마나 더 오래, 집요하게 파고드느냐에 달려 있다.
즉 성실하고 끈질긴 디테일에 좌우되는 것이다.
핫팩 도시락은 그런 노력에서 나온 크리에이티브의 작은 예다.

(out-put)이 있는 것 아닌가.

크리에이티브는 감나무에서 우연히 떨어지는 감이 아니다. 입 벌리고 기다린다고 해서, 저절로 감이 떨어지는 요행은 일어나지 않는다. 감나무를 심고, 물을 주고, 정성껏 기르는 노력이 있어야 맛있는 감을 수확할 수 있다. '크리에이티브는 머리가 아닌 엉덩이에서 나온다'는 말이 나온 이유다.

크리에이티브라는 감을 따느냐 마느냐는, 얼마나 더 오래, 집요하게 파고드느냐에 달려 있다. 즉 성실하고 끈질긴 디테일에 좌우되는 것이다. 이게 과연 맞을까, 좀 더 다르게 바꿀 순 없을까 하는 의심과 고민에서 혁신적인 아이디어가 태어난다.

미치면 달라질 수 있다. 잘 알아야 새로워질 수 있다. 남다른 창의력, 새로운 크리에이티브는 미치도록 파고드는 디테일에서 시작된다.

이 일은 당신 없인
안 돼요

　대회가 시작된 지 닷새째 되던 날, 예상치 못한 폭우가 쏟아졌다. 동장군의 기세가 맹렬한 2월에 비라니. 대회 전부터 눈이 어마어마하게 내린 탓에 제설 작업으로 고생이 이만저만 아니었는데, 이번에는 예상치도 못한 비가 말썽이었다. 빙상 경기장은 다행히 큰 문제가 없었지만, 설상 경기장은 비로 인해 눈이 녹아내려 큰일이었다.
　추적추적 계속해서 내리는 비는 좀처럼 그칠 기미가 보이지 않았다. 경기운영본부장의 속은 까맣게 타들어 갔다. 결국 경기를 강행하느냐 마느냐를 두고 관계자들과 논의가 진행됐다. 경기를 진행한다면 우비나 우산 등 준비해야 할 것이 많아진다. 긴 회의 끝에 스노슈잉만 계획대로 진행하고, 실외 경기 대부분은 연기하기로 했다.
　사실 경기운영본부장을 힘겹게 만든 일은 이것 하나만이 아니었다. 본부장은 현장에서 일어나는 각종 문제들을 처리해야 하기 때문에 누구보다 바쁘게 뛰어다닐 수밖에 없다.

한번은 대회 개막 후 자원봉사자들이 식사할 텐트가 부족하다는 민원이 들어왔다. 빠듯한 예산을 아끼려다 보니 준비해 둔 텐트가 적었던 것이다. 일선에서 가장 고생하는 자원봉사자들이 편히 밥 먹을 공간을 마련해 주는 것이 급선무였기에 추가로 텐트를 설치하기 시작했다.

직원들과 함께 텐트 설치작업을 시작한 본부장은 새벽 3시가 되어서야 겨우 일을 마무리할 수 있었다. 그런데 설치하고 세 시간이 채 지나지 않아 갑작스럽게 눈이 쏟아지기 시작했다. 텐트 위로 쌓이는 눈을 황급히 치우느라 결국 밤을 새워야 했다.

간신히 상황을 수습하고 사무실로 돌아간 그가 갑자기 쓰러졌다는 연락을 받은 것은 그로부터 몇 시간 뒤였다. 대회가 시작되고부터 하루 두 시간도 자지 못하는 강행군이 이어진 통에, 심신이 많이 지쳤던 것이다. 체온이 40도까지 올라가고 있었다. 급히 병원으로 후송해서 진찰을 받아 보니 패혈증 증세가 보인다고 했다. 혈압이 46 이하로 곤두박질치고 있었다. 심장 옆에 구멍을 뚫어 혈압 올리는 약을 투입하는 조치를 받고 본부장은 중환자실로 옮겨졌다.

이 소식을 듣고 가슴이 덜컥 내려앉았다. 상태가 너무 심각해 어떻게 될지 모른다는 말에 눈앞이 캄캄해졌다. 며칠 전에 선수 사망까지 있었던 터라 마음이 더욱 무거울 수밖에 없었다. 본부장이 입원한 병원을 찾았다. 응급 처치를 받고 누워 있는 본부장은 다행히 위급한 상황을 넘긴 듯했다.

"조직위원장으로서 너무 미안합니다. 몸이 이렇게 될 때까지 일하느라 얼마나 고생이 많았어요. 지금은 회복하는 게 우선이니 다른 걱정은 말고 푹 쉬세요."

"아직 할 일이 많은데 이렇게 돼서 면목이 없습니다. 제가 끝까지 책임지고 마무리를 지어야 하는데…… 정말 죄송합니다……."

파리한 얼굴로 누워 있던 본부장은 목이 메는지 입술을 깨물었다. 무거운 숨을 내쉬며 울음을 참던 그가 끝내 눈물을 보였다. 폐막식을 며칠 앞두고 손을 놔야 하는 이 상황이 얼마나 안타까운지, 깊게 패인 그의 미간이 말해 주는 듯했다.

병원에 실려 가서도 대회 걱정을 하는 그가 참으로 안쓰러우면서도 한편으로는 감사했다. 단순히 일이라고 생각했으면 그렇게까지 몸이 지치도록 열성을 다하진 못했을 것이다. 쓰러지는 순간까지 그를 움직이게 한 동력은 스페셜올림픽에 대한 순수한 애정과 사명감이 아니었을까?

본부장의 입원이 말해 주듯, 스페셜올림픽의 성공은 조직위원회 구성원 모두의 헌신적인 노력에 힘입은 것이었다. 이런 열정 아래서 리더로서 해야 할 일은 각자 맡은 역할에 힘을 실어 주는 것이다. 책임은 내가 질 테니 무슨 일이든 해보라는 전적인 믿음,

서로 간의 신뢰만이 답이었다.

"이 일은 ○○○ 씨 아니면 아무도 못 해요. 믿고 맡길 테니 실력 발휘 한번 해보세요."

한 사람 한 사람의 역량을 믿고, 각자에게 재량을 주자 예상했던 것 이상의 성과를 만들어 냈다. 처음에는 "안 된다", "못한다"고 말하던 사람들이 "해보겠습니다", "할 수 있습니다"라고 바뀌는 데는 오랜 시간이 걸리지 않았다.

본부장 다섯 명의 뛰어난 결속력은 스페셜올림픽의 실질적인 성공 요인 중 하나였다. 바쁜 와중에도 서로 회의를 소집해 부서 간 협조 사항을 긴밀히 논의하고, 현장 상황을 꼼꼼히 체크했다. 어느 한 사람 '내가 잘났다'고 나서지 않고, 서로가 합심해 잘해 보자는 분위기가 만들어진 것이다.

우리 모두의 일이라 여기고 공동의 목표를 공유한 덕에 본부장 이하 직원들까지도 기존의 관행을 답습하던 태도에서 벗어나 좀 더 나은 성과를 만들어 내기 위해 모두 머리를 맞댔다.

그 결과 대회장 곳곳에서 새로운 방법으로 획기적인 결과물이 탄생했다. 플로어하키장에서는 원래 나무로 만들던 대시보드를 철판으로 만드는 방법을 고안해 냈다. 스페셜올림픽 국제본부에서 그것을 보더니 놀라운 아이디어라며 다음 대회에서도 그 방법을 활용하겠다고 했다. 철판으로 만드는 방식은 뛰어난 실용성을 인정받아 현재 특허 신청까지 해둔 상태다. 여러 사람이 다 함께 고군분투한 결과가 아니겠는가.

　원활한 대회 운영에 있어 가장 중요한 비중을 차지하는 만큼 항상 문제가 되는 부분이 수송이었다. 정확한 시간에 맞춰 효율적인 동선으로 선수를 이동시키는 것이 무엇보다 중요했다. 수송에서 문제가 생기면 대회 자체에 차질이 생길 수 있기에 수송본부에 이런저런 요청이나 불만이 잦았다.

　수송본부가 1층에 있었던 까닭에 오가는 중에 한 번씩 드나들면서 직원들과 인사했다. 밤이든 낮이든 관계없이 수송본부는 언제나 24시간 근무 상태였다. 어느 외국 선수단이 찾아와 큰소리로 불평을 쏟아 내는데도 얼굴 한 번 찡그리지 않고 끝까지 웃으면서 친절하게 다른 교통편을 마련해 주는 모습도 보았다.

　한번은 새벽 5시에 나갈 일이 있어 들렀더니 야전침대를 놓고 겨우 눈을 붙여 가며 고생하고 있었다. 다음 날 보니 담당 총팀장을 맡은 여직원의 얼굴이 퉁퉁 부어 있었다. "그래도 젊으니까 예쁘다" 하고 격려해 주면서도 마음 한편이 짠했다.

　　사마천의 《사기(史記)》에 이런 말이 있다. '士爲知己者 死(사위지기자사)'. 선비는 자신을 알아주는 사람을 위해 목숨을 바친다는 뜻이다. 거창하지만 스페셜올림픽이 잘 치러질 수 있었던 힘의 원천이 바로 이런 마음 아니었을까. 조직위원회 직원들은 서로 믿는 만큼 각자의 자리에서 그 믿음에 상응하는 결과를 만들어 냈다.

대회가 끝난 뒤 직원들은 자신의 인생에서 정말 의미 있는 시간을 보냈다는 말로 서로를 뭉클하게 만들었다. 지적 장애인에 대한 지식도, 개념도 없는 상태에서 단순히 업무를 수행하기 위해 시작했던 일이었다. 하지만 그 일이 사회에 긍정적인 영향을 미치는 것을 지켜보면서 사명감과 보람을 갖게 되었고, 업무적으로도 새로운 도전과 시도를 통해 역량이 향상되었음을 모두가 느끼는 듯했다.

'내가 맡은 일이 이 대회에서 가장 중요한 부분이었다.'

그것은 자만이 아닌 소명이자 긍지였다. 어느 한 사람 예외 없이 자신의 역할에 누구보다 큰 의미가 있음을 확신했다.

세상 모든 일은 결국 사람이 하는 일이다. 마음을 얻지 못하면 손을 빌려 쓰는 데 그칠 뿐이지만, 마음을 얻으면 그의 모든 것을 얻는 것과 같다. 누군가가 나를 믿어 준다는 것은 그만큼 스스로 열정을 다하게 하는 힘이 있다.

인생의 특별한 기억은 머리가 아닌 몸으로 각인된다. 스페셜올림픽에 참여한 모든 이들이 지난 시간을 되새기며 가슴이 뜨거워지는 것은 그 순간 자신의 모든 것을 쏟아 냈음을 생생히 기억하기 때문이다.

자꾸 봐야 예쁘다, 오래 봐야 사랑스럽다

나태주 시인의 〈풀꽃〉이라는 시에 이런 구절이 있다.

자세히 보아야 예쁘다
오래 보아야 사랑스럽다

풀꽃만 그런 게 아니다. 장애인도 그렇다.

스페셜올림픽이 끝나고 서울 후암동의 한 장애인 시설에 한 달에 한 번, 매월 첫째 주 금요일에 목욕 봉사를 가고 있다. 이곳에서는 연고가 없거나 부모가 사정상 돌볼 수 없는 중증 장애인 30여 명이 생활하고 있다.

아직도 처음 목욕 봉사를 갔을 때가 잊히지 않는다. 유나를 키우며 많은 장애인을 보았고, 그래서 누구보다 장애인에 대해 눈도, 마음도 열려 있다고 생각했는데 그게 아니었다. 눈을 어디다 둬야 할지 몰라 당황했다.

애 둘을 키웠으니 2차 성징이 나타나지 않은 아이들은 그리 어렵지 않게 씻길 수 있다. 하지만 성인 장애인, 그것도 중증 장애인의 알몸을 본 것은 그때가 처음이었다. 어떻게 해야 할지 몰라 순간 얼어붙어 버렸다. 나도 이런데, 다른 사람들은 어떨까 하는 생각이 들었다. 장애인에게 다가가는 데 있어 '시각'이 얼마나 큰 벽이 되는지 실감했다.

그런데 참 신기한 일이다. 한 달에 한 번이지만 목욕 봉사를 가는 횟수가 늘어나면서 거북스럽던 속마음이 사라지고 익숙해졌다. 그러더니 하나둘 예쁜 곳이 보이기 시작했다.

스물일곱 살 정민이(가명)는 두 살 때 의료 사고로 뇌병변 장애가 생겼다고 한다. 그곳에 있는 친구들 중에서도 장애 정도가 심한 편에 속한다. 비틀어진 정도가 심해서 휠체어에 앉힐 수도 없고 옆으로 눕히지도 못한다. 감정 표현도 거의 하지 않는 편이다. 그런데 얼마 전 목욕을 다 시키고 나오며 "너, 시원하지?" 하고 물으니 나를 보며 씩 웃는 것이 아닌가. 정민이의 그 모습이 얼마나 예쁘던지, 내 마음까지 환해졌다.

스무 살 남짓 되었다는 동욱이(가명) 역시 목 아래는 거의 몸을 쓰지 못하는 중증 장애인이다. 처음 목욕 봉사를 간 날, 내가 치약을 못

찾아서 헤매고 있는데 동욱이가 눈을 크게 뜨고 힘들게 고개를 들어 눈짓, 몸짓으로 치약 있는 곳을 알려 주었다. 그 모습이 얼마나 사랑스러웠는지 모른다. 봉사를 갈 때마다 이를 닦아 주고, 머리를 감겨 주며 친해졌다. 나를 볼 때마다 동욱이는 온몸으로 반겨 주었다.

그런데 두 달 전 동욱이가 시설을 나와 집으로 갔다. 어머니가 일을 그만두게 되어 동욱이를 돌보실 수 있게 되었다고 한다. 며칠 전 봉사가 끝나고 복지사 선생님이랑 동욱이 이야기를 했다.

"어머, 동욱이가 없으니까 너무 보고 싶다."

그랬더니 갑자기 바닥에 누워 있던 민규(가명)가 "어, 어" 소리를 지르며 몸을 흔들어댔다. "민규야, 너도 동욱이 보고 싶지?" 했더니 그렇다고 고개를 끄덕인다. 서로 의사 표현도 힘든 두 친구가 보통의 청소년들처럼 그간 뜨거운 우정을 나누었던 모양이다.

런던 패럴림픽에 가서도 잊지 못할 체험을 했다. 그간 사지가 절단되거나 휠체어를 탄 장애인들이 운동을 하는 것을 보며 '아, 참 대단하구나'라고 생각한 적은 있지만 아름답다고 느낀 적은 없었다. 어느 날 신문에 실린 절단 장애인 여자 수영선수의 사진을 보며 처음으로 '참 아름답다'라는 생각이 들었다.

첫인상에서 시각이 차지하는 비중은 55퍼센트라고 한다. 그리고 60번 이상을 만나야 그 첫인상이 바뀐다고 한다. '시각'이라는 장애물을 넘어 그 사람의 본질을 보려면 60번의 만남이 필요한 것이다. 장애인도 마찬가지가 아닐까. '약속'을 내세우며 한 분이라도 스페셜올림픽에 더 모시기 위해 노력했던 이유가 바로 여기에 있다. 이렇게라도 한 번 더 장애인들을 보시기를, 그래서 '시각'이라는 장애물을 넘어 친숙하고 익숙해지기를 바랐던 것이다.

사람들은 장애인들은 다 비슷비슷하게 생겼다고 말한다. 개성을 찾는 데도 인색한데 아름다움은 더 말해 무엇하겠는가. 그런데 자주 보고, 오래 보아 익숙해지면 하나둘 각자의 개성이 보이기 시작한다. 거기서 더 나아가면 아름다움을 발견하는 단계에까지 이르게 된다. 장애인 한 사람 한 사람에 대한 존중도 거기서 출발하는 것이 아닐까.

그런데 안타까운 것은 '시각'이라는 높은 벽 때문에 자기 아이를 사람들 앞에 보이는 것을 두려워하는 부모가 있다는 것이다. 그 마음을 어찌 모르겠는가. 자신에게야 너무나 사랑스럽고 자랑스러운 자식이지만, 남들 눈에 어찌 보일지 걱정하고 곱지 않은 시선에 아이가 상처받지 않을까 염려하는 마음을…….

장애인 특례입학으로 우리나라 최고의 명문대 음대에 입학한 지적 장애인 피아니스트가 있다. 스페셜올림픽을 기념하기 위해 매년 1회 개최하는 평창 스페셜뮤직페스티벌에 개막식 연주자로 참여했다. 정명화 선생님과의 협연이었다. 얼마나 자랑스러운 일일까 했는데, 의외로 어머니가 "우리 아이는 보도자료에서 이름을 빼주시고, 언론에 노출되지 않게 해주세요" 하고 당부했다.

자주 보고 오래 보아 친숙해지면
하나둘 개성이 보이기 시작하고,
더 나아가면 예쁜 점들을 발견하게 된다.
장애인 한 사람 한 사람에 대한 존중도 거기에서
출발하는 것이 아닐까.

하지만 행사가 끝나고 어머니의 마음이 바뀌었다. 앞으로는 노출해도 괜찮다고, 딸이 세상에 적극적으로 나서도록 돕겠다고 말씀하셨다. 그 친구도 뮤직페스티벌에서 아이들과 어울리며 무척 즐거워했다. 무엇이든 처음 한 번이 어려운 법이다. '시각'이라는 첫 장애물은 강력한 듯 보여도 일단 넘어서기만 하면 다른 세계가 열린다.

스페셜뮤직페스티벌에 내가 봉사를 다니는 시설의 식구들도 모두 초대했다. 그 대식구들이 어떻게 평창까지 올까 걱정했는데, 다행히 한 기업의 사회공헌팀의 도움을 받아 1박 2일 일정으로 올 수 있었다.

휠체어에 앉을 수 없는 정민이는 기다란 객석에 누워서 공연을 관람했다고 한다. 한 시간 반 정도의 록(rock) 공연이라 어떨까 걱정이 컸는데, 선생님께 연락이 왔다. "정민이가 얼마나 좋아했는지 몰라요. 공연 내내 한 번도 안 쉬고 온몸을 움직였다니까요!" 하고. 그 어여쁜 모습을 직접 보지 못하다니, 참으로 아쉽다.

Special thanks to
유나

존경하는 선수단 여러분, 선수 가족 여러분. 문화부 장관님, 팀 슈라이버 회장님, 그리고 많은 귀빈 여러분! 우린 이 자리에 다시 모였습니다.
8일 동안 치러진 대회에 모두들 성공했다고, 우리 경기 정말 잘 운영되었다고, 스페셜올림픽 역사상 최초로 운영된 문화 공연들, 정말 좋았다고 칭찬을 하십니다. 정부와 민간을 넘어선 열정적인 지원, 그리고 모든 대한민국 국민의 따뜻한 마음 덕분입니다. 고맙습니다.

폐막식 무대에서 폐회사를 하는 순간이 왔다. 저 객석 어디에선가 유나가 나를 보고 있을 것이다. 유나가 아니었다면 듣도 보도 못한 이 대회를 알 수 있었을까? 아니, 유나가 없었다면 장애인이라는 존재에 관심을 가질 수 있었을까? 그 순간 가장 고마운 사람은 내 딸 유나였다. 소리 내어 말하지는 못했지만, 나는 마음속으로 외쳤다.
'유나야 고마워!'

2004년 국회의원 배지를 갓 달았을 때, 신문 한 구석에서 스페셜올림픽 국내대회 기사를 보았다. 나를 초청한 것도 아닌데 제 발로 찾아갔다. 지적 장애인의 올림픽이 무엇인지 궁금해서. 지금과 비교도 되지 않을 정도의 작은 규모로 치러지는 대회였다.

그때 관계자가 스페셜올림픽 국제본부에서 주관하는 청소년 리더십 프로그램인 '리저널 메신저(Resional Messenger)' 교육에 유나를 보내지 않겠느냐고 제안했다. 비장애인 친구와 부모가 아닌 보호자가 동행해야 한다는 조건이었다. 유나는 초등학교 6학년 때부터 매해 그 프로그램에 참가했다.

그렇게 유나가 나보다 먼저 스페셜올림픽 본부와 인연을 맺었고, 2007년 상하이 하계대회, 2009년 아이다호 동계대회, 2011년 아테네 하계대회 청소년회담에 모두 한국 대표로 참가했다. 내가 처음 갔던 아이다호 스페셜올림픽도 유나가 간다기에 자비(自費)로 따라간 것이었다.

거기서 한국 선수단을 만났는데, 다들 추레한 까만 점퍼 차림이었다. 태극 마크조차 만들어 달지 못해서 오른쪽 가슴팍에는 급조한 스티커가 붙어 있었다. 스티커가 어찌나 잘 떨어지는지, 보는 사람이 민망할 지경이었다. 관계자의 설명에 따르면 스페셜올림픽 참가 예산이 출발 이틀 전에야 나오는 바람에 선수단 유니폼을 만들 시간이 없었다고 했다.

그전부터 스페셜올림픽 국제대회를 한국에서 유치하자는 이야기는 있었다. 위원회 관계자들의 부탁으로 정·관계 인사들과 만날 수 있는 자리를 주선하기도 했다. 하지만 진척이 없었다.

나라도 나서야겠다는 생각이 들었다. 상향(bottom-up) 방식이 안된다면 하향(top-down) 방식을 택할 수밖에 없다는 생각에 대통령부터 만나 스페셜올림픽 유치의 필요성에 대해 설득했다. 그다음 차례로 국무총리, 국회 관계자들을 만났다.

하지만 국가에서 지원해 줄 수 있는 것은 예산의 30퍼센트뿐이었다. 나머지 예산은 대회가 열리는 지역의 지자체와 조직위원회가 마련해야 했다. 아무리 봐도 스페셜올림픽 동계대회를 유치할 수 있는 곳은 평창뿐이었다. 하지만 강원도는 돈이 없어 예산의 10퍼센트밖에 지원해 줄 수 없다고 했다. 나머지 60퍼센트를 위원회에서 조달하기로 하고, 유치전에 뛰어들었다.

2010년 2월에 평창이 개최지로 확정됐고, 11월 조직위원회를 만들었다. 관록 있고 경험이 많은 분을 조직위원장으로 모셔야 대회가 번듯하게 치러질 수 있을 거라는 생각에, 명망 있는 사회 인사들을 여러 분 만나서 간곡히 부탁드렸다. 하지만 이름도 생소한 대회의 조직위원장을 맡겠다고 나서는 분은 없었다. 어쩔 수 없이 내가 조

유나가 없었다면 장애인이라는 존재에
관심을 가질 수 있었을까?
유나가 아니었다면 수많은 고비를 넘어
여기까지 오지도 못했을 것이다.
폐막식 무대에서 나는 마음속으로 외쳤다.
'유나야, 고마워.'

직위원장 자리를 맡았다. 참 겁도 없이…….

유나가 없었다면 시작도 못 했을 일이었다. 그리고 유나가 아니었다면 수많은 고비를 넘어 여기까지 오지도 못했을 것이다. 요즘 나는 유나 덕분에 웃는다. 유나의 문자 메시지 한 통이면 쌓인 스트레스가 확 풀린다. 공천 문제로 심란했을 때도 유나는 내게 한소리 했다. "엄마, 스페셜올림픽 준비나 잘해."

그런데 유나로 인해, 유나를 위해 시작했던 이 일 때문에 유나는 많은 피해를 입어야 했다. 스페셜올림픽에는 GYAS(국제청소년회담, Global Youth Activation Summit) 프로그램이 있다. 19개국 청소년 89명이 참가하는 리더십 프로그램으로, 세계 지적 장애 및 비장애 청소년들이 모여 지역 공동체를 개선하고, 긍정적으로 변화시키는 데 필요한 방법을 찾는 회의다. 그전 대회에서 다음 회담의 의장을 선출하는데, 2년 전 아테네 대회에서 유나가 의장으로 선출된 것이다.

평창 대회 개막식 때도 국제본부가 보내온 식순에는 국제청소년회담 의장의 스피치 순서가 있었다. 하지만 우리나라 정서상 안 될 일이었다. 엄마와 상관없이 지적 장애인들의 투표로 뽑힌 것이기는 하지만, 불필요한 논란을 일으킬 수는 없었다.

"유나야, 이번 스피치는 안 하는 것이 좋겠어."

"응, 알겠어" 하고 순순히 대답했지만 어찌 실망을 하지 않았겠는가. 사람들 앞에 나서는 것을 좋아하는 유나이기에 내색은 안 해도 서운한 마음이 컸을 것이다.

스포츠 부문 행사에서는 나설 수 없었지만 국제본부가 주관하는 청소년회담에서 유나는 의장으로 자기가 맡은 역할을 다했다. 더 씩씩해지고 자신감도 생겼다. 무대에도 섰다. 회담 중 문화 공연에서 퍼포먼스 그룹 '조율'과 함께 드럼 연주를 한 것이다. 바쁜 와중에 짬을 내어 행사장에 들렀다. 공연 도중 관객들의 박수를 유도하며 신이 난 유나의 모습을 보고 얼마나 웃었는지 모른다.

유나가 어떤 마음으로 스페셜올림픽을 지켜보고 어떤 생각을 했는지 나는 잘 알지 못한다. 하지만 분명 나와 같은 마음일 거라는 확신은 있다. 앞으로 내가 어떤 길을 가더라도 유나는 엄마의 편이 되어 줄 것이다. 세상 누구보다 우리는 단단한 마음의 끈으로 이어져 있기 때문이다.

스무 살이 넘은 딸에게 아직도 뽀뽀를 받는 엄마가 세상 어디에 있겠는가. 그런 사랑을 받으면서도 늘 마음을 표현하는데 인색한 나는 스페셜올림픽이 끝나고 9개월이 지나서야 이렇게 편지로 유나에게 마음을 전한다.

나를 많이 닮은 딸, 유나에게

너를 처음 품었을 때부터 엄마는 우리 아이가 행복하게 살 수 있도록 최선을 다해야지 하고 다짐했단다. 뱃속의 아이는 힘차게 불러야 크게 된다고 하기에 '똥순이'라 부르며 태교를 했지.

너를 낳고서 엄마는 가장 사랑하는 내 아이에게 온전함을 주지 못했다는 것 때문에 얼마나 자책했는지 몰라. 하지만 너는 나를 쏙 빼닮았단다. 얼굴 분위기도, 식성도, 성격도……

부산 어린이집에서 했던 첫 발표회를 잊을 수가 없구나. 하얀 타이즈를 신고 최선을 다해 율동하는 네 모습이 아직도 눈에 선해. 또래 친구들보다 조금 서툴러도, 엄마 눈에는 얼마나 예뻐 보였는지 몰라.

너는 초등학교를 지나 중·고등학교에 올라가며 점점 어려워지는 공부 때문에 힘들어했지. "할 수 있는 만큼만 해" 하고 말해도 포기하지 않고 속상해하는 너를 보며 엄마는 "아이고, 욕심 많은 것도 나 닮았네" 했단다.

학교생활 속의 수많은 갈등을 이겨내며 너는 조금씩 성숙해졌지. 지금도 여전히 그 갈등이 계속되고 있다는 걸 잘 알고 있단다. 요새 네가 사춘기라서 그런지 "엄마" 부르면서 애닳아 하는 걸 보면 엄마 마음이 다 짠해.

엄마를 더 많이 찾을수록 네 생활이 더 힘들구나 싶어 엄마는 마음이 아파. 오죽했으면 네 불편함이 더 심했다면 이런 갈등도 좀 덜하지 않을까 하는 생각마저 들었겠니.

그런데 유나야, 엄마가 너한테 참 고마워하는 거 아니? 너는 언제나 '절대적인' 내 편이었어. 내가 정치를 시작하고 텔레비전에 나오기 시작하면서부터 넌 늘 뉴스를 열심히 보았지. 그리고 엄마한테 이런저런 조언을 해주었어.

어쩌면 그렇게 세상 돌아가는 이야기도, 사람들의 마음도 잘 아는지 인터넷을 뒤져 들려주는 너의 이야기는 엄마에게 많은 도움을 주었단다. 있는 그대로의 '민심'이었지. 인터넷에서 나에 대한 악플이나 비난 글을 볼까 염려하는 엄마 마음을 알았는지, "난 그런 것 안 봐요" 하고 묻지도 않은 말을 했던 우리 착한 딸.

그때는 네가 사회 문제에 관심이 많다고, 그래서 정치, 사회 과목도 좋아하는 것이라고 생각했는데 요즘은 뉴스도 잘 보지 않더구나. 그걸 보고야 엄마를 위해 열심히 모니터링 해준 것이란 걸 알았단다.

엄마 선거 유세 때, 너도 유세하고 싶다고 나섰던 걸 보면 너한테 정치 유전자가 있는 것 같아. 중·고교 6년 내내 반장 선거에 나갔었잖니. 아쉽게 떨어진 적도 있었지. 선거 전날 직접 연설문을 써서 밤새 연습할 정도로 열심이었지.

칠판 지우기 봉사를 공약으로 하자는 엄마 말에 네가 "그건 안 돼. 우리 반 아이들 모두 대학에 합격하게 하겠다는 공약이 어떨까?" 하는 걸 듣고 깜짝 놀랐단다. 국회의원을 해도 엄마보다 더 잘하겠구나 하고 말이야. 유권자들이 무엇을 원하고 있는지 가장 잘 알고 있으니까.

또 우리 딸 유나는 어찌나 자기 일을 얼마나 척척 알아서 잘하는지. 아플 것 같으면 알아서 병원에 가고, 복지관이나 개인교습 시간도 알아서 정리하고, 여행 갈 때도 네 짐을 알아서 잘 챙기고. 엄마는 너처럼 야무지게 자기 일을 잘하는 딸을 두어서 얼마나 행복한지 몰라.

그런데 엄마가 그런 너를 도와주기는커녕 그 기회를 뺏었으니…… 남

앞에 나서서 말하기를 좋아하고 잘하는 네가 3천 명의 관중 앞에 설 수 있는 멋진 기회였는데 말이야. 아무렇지 않게 "알았어" 하고 대답했지만 우리 딸 마음속으로는 얼마나 갈등하고 속상했을까.

그걸 생각하면 지금도 엄마 마음이 너무 아프구나. 그런데 유나야, 엄마는 네가 이해해 줄 거라고 믿어. 대의를 위해 조금 양보한 거라고 생각해 줄 거라고.

스페셜올림픽이 끝났는데도 엄마는 여전히 바쁘기만 하지? 어떨 때는 솔직한 심정으로 세상의 변화를 위해서 엄마가 유나를 팽개치고 있는 건 아닌가 하는 생각도 든단다. 네가 잘하는 '양보'를 엄마가 또 강요하고 있구나 하고……. 일주일 내내 주말 말고는 엄마랑 저녁 한 끼도 같이 못 먹는 너를 보면 엄마로서 잘하고 있는 건가 하는 회의도 들어.

난 정말 엄마로서는 빵점 엄마인가 봐. 그래도 이 빵점 엄마를 늘 백점 엄마로 생각해 주는 유나가 있어 엄마는 정말 행복하단다. 고마워.

우리 유나와 유나랑 같은 처지에 있는 아이들이 더 행복해질 수 있도록 함께 노력하자. 사랑해.

2013년 11월
유나를 사랑하는 엄마가

에필로그

오정선 작가의 설치 작품, 〈Another way of seeing Ⅱ〉

사랑이란,
있는 그대로 받아들이는 것

지적 장애인과 비장애인, 두 아이를 키우면서 인간이 성숙해 가는 모습을 지켜보았다. 다운증후군인 유나를 낳고, 둘째를 갖기까지 사실 많은 고민이 있었다. 혹시나 둘째 아이도 같은 문제가 있진 않을까 하는 걱정이 없었다면 거짓말일 것이다. 동생이 생기면 아무래도 유나에게 집중하기 힘들어지지 않을까 하는 염려도 있었다.

그런데 아이를 키우다 보니 유나를 위해서도 동생이 있는 게 좋겠다는 생각이 들었다. 오로지 유나에게만 관심을 쏟다가는 자칫 유나가 모든 것이 자기중심으로 돌아가는 것을 당연하게 여기게 될까 봐 우려스러웠다.

'돌봐 줘야 할 동생이 생기면, 유나에게 좀 더 자립심과 책임감이 생기지 않을까.'

동생 현조를 낳은 뒤, 유나에 대한 관심이 상대적으로 줄긴 했지만 오히려 유나의 정서적 안정감은 충족되는 듯했다. 어른인 양 누나 노릇을 하려고 드는 모습이 예쁘고 기특했다. 가끔씩 질투하며 토라지기도 했지만, 그럴 땐 유나를 사랑하는 마음이 줄어든 건 결코 아니라고 가만히 달래 주면 이내 수긍하곤 했다.

그런데 문제는 현조가 어느 정도 자란 후였다. 둘째가 제 앞가림을 할 수 있게 되자 자연히 관심은 다시 유나에게로 옮겨 갔다. 발달이 늦은 유나에게 아무래도 손이 더 많이 갈 수밖에 없었다.

동생이 오히려 누나를 챙기고 양보해야 하는 상황이 더 많아졌다. 두 아이가 똑같은 말썽을 부려도 현조만 혼내고 타이르는 일이 잦아지다 보니, 아이가 조금씩 삐딱하게 굴기 시작했다. 예전 같으면 조용히 지나갈 일도 한두 마디씩 말대꾸가 늘었다.

"왜 나한테만 그래! 누나도 잘못했단 말이야!"

못난 생각이지만, 차라리 첫째가 아닌 둘째가 장애 아이였다면 싶기도 했다. 맏이는 동생을 챙기고 돌보는 역할을 자연스레 받아들이니, 동생에게 더 많은 관심이 가더라도 덜 속상해하지 않을까 하는 마음에서였다.

온 가족들이 유나 위주로 생활해야 하는 환경을 어린 현조가 받아들이기란 쉽지 않았을 것이다. 내 앞에서는 한 번도 표현한 적이 없지만, 어렸을 적 현조는 할머니에게 누나가 밉다는 말을 자주 하곤 했단다. 어린 마음에 얼마나 속상하고 서러웠으면 그랬겠는가.

둘째를 가졌을 때, 나이 지긋한 의사 선생님이 두 아이를 따로 기르라고 조언해 주었다. 당시에는 왜 저런 말씀을 하실까, 이해되지 않았다. 그런데 지나고 보니 그 말의 속뜻이 무엇인지 알 것 같았다. 만약 현조가 누나 때문에 우리에게 사랑받지 못한다고 생각하고 누나를 계속 미워하고 원망했다면, 두 아이가 함께 자란 것이 잘못된 결과를 초래했을지 모른다.

그러나 결과적으로 함께 키우기를 잘했다는 생각이 든다. 다행히도 현조는 커갈수록 철이 들면서 누나를 헤아리는 마음이 깊어졌다. 자신이 누나를 보호하고 지켜야겠다는 생각을 하게 됐는지, 먼저 양보하고 배려하는 모습을 보여 주기 시작했다.

요즘은 속 깊은 아들이 그렇게 든든하고 믿음직할 수가 없다. 현조가 없었다면 어쩔 뻔했나 싶을 만큼 두 아이를 낳은 것이 참으로 다행스럽다. 물론 부모로서의 미안함은 여전하다. 엄마의 이 마음을 현조는 알까. 유나로 인해 많은 것을 양보하고 감수해야 했던 현조에게 얼마나 미안하고 또 고마운지…….

지적 장애인 형제를 둔 현조에게 미움과 갈등은 삶의 한 과정이었을 것이다. 사람이 어른으로 성장하며 통과의례를 겪듯, 현조 역시 인생의 한 부분으로 그런 시기를 거쳐 왔다. 유나 때문에 느꼈을 복잡다단한 감정들을 자연스럽게 받아들이면서, 현조의 마음속에는 유나를 이해하고 포용할 수 있는 자리가 생겼다. 그 시간들을 지나오면서 부쩍 성숙한 것도 같다.

복합적인 감정이 뒤섞여 하나의 사랑으로 완성되어 가는 모습이 바로 이런 게 아닐까? 이것은 비단 유나와 현조만의 문제가 아니라는 생각을 한다. 우리 사회의 모든 장애인과 비장애인이 함께 겪었으면 하는 사랑의 과정일지도 모르겠다. 함께할 때 비로소 답이 보일 것이므로.

　　　　　오랜만에 여유가 생겨 전시회를 보고 왔다. 서울미술관에서 열린 '러브 액추얼리(Love Actually)'라는 이름의 전시였다. 여러 명의 작가들이 각자의 시선으로 사랑에 대한 의미를 표현한 작품들이 곳곳에 설치돼 있었다. 그중에서도 제일 인상 깊었던 건 오정선 작가의 〈Another way of seeing Ⅱ〉라는 작품이었다.

　수많은 안경알을 쭉 연결해서 마치 발처럼 매달아 놓았는데, 그 안경알들은 제각각 도수가 다르다. 어떤 것은 흐리게 보이고 또 어떤 것은 맑게 보인다. 어떤 안경을 써야 사랑이 시작될까? '제 눈의 안경'이니 사랑은 저마다 다를 것이다. 내게 꼭 맞는 안경을 찾으면 뭐든 다 예뻐 보이지 않을까? 여기엔 이유도 근거도 없다. 객관적인 시선도 아무 소용이 없다. 사랑에 빠진 이에겐 그의 모든 것이 아름답고 사랑스러울 뿐이다. 사랑의 힘이 바로 이런 게 아닐까?

　불과 이삼십 년 전만 해도 장애인들에 대한 시선은 차갑기 그지없었다. 길을 가다가 몸이 불편한 사람을 보면 대놓고 손가락질을 하거나 심지어 욕을 하는 경우도 있었다. 이상한 눈길로 빤히 쳐다보거나 인상을 찌푸리는 일도 허다했다. '장애인 인권'이란 말조차 생소하던 때였다.

시대가 바뀌어 이제는 장애인에 대한 노골적인 반감이나 무지에서 빚어지는 차별적인 태도는 많이 사라졌지만, 마음속으로 느끼는 거부감이나 불편함은 여전한 것 같다. 겉으로 드러내지 않을 뿐이지, 나와는 상관없는 존재라는 이질감과 거리감까지 없어진 것은 아닌 듯하다.

주관적 시선에 대한 인식을 환기시키는 오정선 작가의 작품을 보며 그런 생각이 들었다. 스페셜올림픽이 이 안경 같은 역할을 해줄 수 있다면, 지적 장애인들을 타자화된 대상이 아닌 우리와 똑같은 인간적 존재로 받아들일 수 있다면 그들의 장애도 보듬고 포용할 수 있을 텐데…….

지적 장애인을 좀 더 가깝고 편한 존재로 받아들일 수 있는 방법은 무엇일까? 얼마 전 한 방송에 닉 부이치치가 나온 것을 보고 거기에 대한 해답을 찾은 느낌이 들었다. 선천적 기형으로 팔다리가 없이 태어난 닉 부이치치. 부모조차 그를 받아들이는 데 오랜 시간이 걸렸을 정도로 그는 엄청난 불행을 안고 태어났다.

고작 열 살이라는 어린 나이에 자살을 시도할 정도로 그의 삶은 견디기 힘들 만큼 괴롭고 힘겨웠다. 그런 그가 이제는 '희망 전도사'라는 이름을 달고 세계 곳곳에 강연을 다닌다. 절망에 빠진 비장애인들에게 용기와 희망을 전하고 있는 것이다.

"저는 팔다리가 없어도 행복을 느낄 수 있습니다. 우리 모두는 살면서 실패하고, 그 실패는 우리에게 교훈을 줍니다. 제가 할 수 있으면 여러분도 할 수 있습니다."

자신의 삶을 있는 그대로 받아들인 그는 선지자의 얼굴처럼 평온하고 온화하다. 항상 여유로운 미소를 짓는 그에게서 사람들은 놀라움과 함께 숙연함을 느낀다. 자기 존재를 긍정하고 인생을 낙관하는 그의 세계는 얼마나 넓고 깊은가! 닉 부이치치가 사지 없는 장애인이 아니라 위대한 한 인간으로 다가오는 것은 그의 내면을 우리가 발견했기 때문일 것이다.

누군가에게 자연스러운 친숙함을 느끼기 시작하면 그는 더 이상 불편한 존재가 아니다. 그가 살아온 이야기를 들으며 코끝이 찡해지고 깨달음을 얻었다면, 그것은 그만큼 우리가 그를 가깝게 느꼈다는 뜻이리라.

사랑을 넓은 의미에서 본다면, 그 역시 사랑의 한 가지 모습이 아닐까? 멀게만 느껴졌던 존재를 이해하고 받아들이게 되고, 나아가 그의 불완전함까지도 포용하게 되는 것, 그것이 사랑이다.

사랑은 인간이 가질 수 있는 최상의 감정이다. 그 깊고 넓은 사랑을 어찌 한 가지 색깔로 설명할 수 있을까? 쓰고 달고 시큰하고 아릿하고 따뜻하고 애틋한 모든 감정이 합쳐져 비로소 사랑이라는 이름이 완성된다. 그러니 미움도 결국 사랑의 다른 말이라고 생각한다. 미워하는 마음도 애정에서 비롯됨을 나는 현조를 지켜보며 느꼈다. 싸우고 화해하며 함께 부대끼는 시간이 없었더라면 현조는 끝내 유나를 받아들이지 못했을지 모른다.

  미움과 갈등도 상대에 대한 관심으로부터 생겨나는 것이다. 그런 과정을 통해 상대를 이해하는 폭도 넓어질 수 있다. 현조가 이젠 사랑이라는 안경을 쓰고 유나를 바라보게 되었듯, 우리 사회도 지적장애인을 관심을 가지고 지켜봐 줄 수 있는 분위기가 형성되었으면 좋겠다.

  무조건 호의를 가져 달라는 말이 아니다. 관심을 갖고 보면, 이해가 안 되던 부분들을 받아들일 수 있는 품이 생기지 않을까. 그러다 보면 우리와 조금 다른 모습들까지 자연스럽고 아름답게 보이는 날이 올 것이다.

  '아, 아름답다'라고 느끼는 것은 머리가 아닌 가슴으로 바라본다는 뜻이다. 누군가를 사랑하게 되면 그 존재 자체로 완전하고 아름다워 보인다. 사랑은 그러므로, 당신을 있는 그대로 받아들인다는 뜻이다.

  이 책이 지금껏 그늘에 자리했던 많은 지적 장애인들에게 따뜻한 시선을 보낼 수 있게 하는 작은 계기가 될 수 있기를 소망한다.

:: 2013 평창 스페셜올림픽 **개회사**

안녕하세요! 오늘의 주인공 존경하는 선수 여러분, 선수 가족 여러분, 환영합니다. 이명박 대통령 내외분을 비롯한 많은 귀빈 여러분 정말 고맙습니다.

이제 이곳 평창에서 새로운 역사를 만들게 되었습니다. 조금 전 모세 군의 노래를 들으시면서 많은 분들이 감명하셨을 겁니다. 우리 모세 군은 태어나기도 전에 살기 어렵다는 판정을 받았습니다. 그러나 네 번의 뇌 수술을 거치면서 오늘 이 자리에서 이렇게 아름다운 목소리로 우리를 놀라게 해주었습니다.

앞으로 8일간의 대회 기간 동안 여러분은 곳곳에서 감동의 순간들을 보실 것입니다. 우리 선수들이 끝까지 도전하는 모습에 감탄하실 것입니다. 또 장애인 아티스트들의 진지한 공연 모습을 보시면서 새로운 울림을 느끼실 것입니다. 지적 장애인 자원봉사자들의 조금은 어색한 듯하지만 열심히 하는 모습을 보면서 새로운 가능성도 보실 것입니다. 이 모든 것을 8일간 보시면서 '아! 우리 지적 장애인들도 잘할 수 있구나' 하고 또 느끼실 것입니다.

그렇습니다. 그들도 우리 사회의 똑같은 구성원입니다. 그리고 그들도 많은 잠재력과 가능성을 가지고 있습니다.

여러분! 많은 세계 대회는 끝난 후에 경제적 효과를 이야기합니다. 그러나 우리 스페셜올림픽은 사회적 변화를 이야기해야 합니다. 스페셜올림픽의 성공은 이 대회만 성대하게 치르는 데 있지 않습니다. 이 대회가 끝난 다음 우리 사회에 어떤 변화를 만들어 내느냐가 가장 큰 성과라고 생각합니다.

우리는 아직도 장애인이 지나가면 두 번 쳐다봅니다. 때로는 동정의 시선으로, 때로는 차별의 시선으로 두 번 쳐다봅니다. 이제 그 시선을 거둡시다.

이제 두 번 쳐다보지 말고, 두 번 생각합시다. 이제 귀를 열어서 그들의 목소리를 듣고, 이제 눈을 크게 떠서 그들의 꿈을 봅시다. 이제 우리의 입장이 아니라 그들의 입장에서 그들이 원하는 것을 함께 이뤄 갑시다. 이제 그들이 세상 밖으로 나와서 더 당당할 수 있도록 같이 힘을 보탭시다.

이곳 평창에서 시작한, 이곳 대한민국에서 시작한 이러한 작은 동행으로 결국 지적 장애인, 나아가 모든 장애인들이 세계 어느 곳에서 살든 똑같이 행복하고, 또 다 같이 당당할 수 있도록 우리 함께 만들어 갑시다.

:: 2013 평창 스페셜올림픽 폐회사

Welcome athletes! Time goes by too fast.
It's already the end of the games.
Did you have a good time? Did you achieve your goals?
Whether or not you got a medal, you are all winners to us.
Good job!

존경하는 선수단 여러분, 선수 가족 여러분. 문화부 장관님, 팀 슈라이버 회장님, 그리고 많은 귀빈 여러분! 우린 이 자리에 다시 모였습니다.

8일 동안 치러진 대회에 모두들 성공했다고, 우리 경기 정말 잘 운영되었다고, 스페셜올림픽 역사상 최초로 운영된 문화 공연들, 정말 좋았다고 칭찬을 하십니다. 정부와 민간을 넘어선 열정적인 지원, 그리고 모든 대한민국 국민의 따뜻한 마음 덕분입니다. 고맙습니다.

그런데 무엇보다도 가장 큰 성공은 바로 2년 전 이 스페셜올림픽 대회를 유치했을 때 0퍼센트에 가깝던 스페셜올림픽 인지도가 이제 70퍼센트를 넘었다는 것입니다. 또 국민 중의 절반이 넘는 분들이 스페셜올림픽에 어떠한 형태로든 참여하겠다고 이야기한다는 것입니다. 또 입장객 수가 어느 역대 대회보다 많은 17만 명을 넘어섰다는 것입니다.

이제 우리는 새로운 역사를 썼습니다. 스페셜올림픽이 올림픽 선수들만의 축제가 아닌 온 국민의 축제, 온 세계의 축제가 된 것입니다.

많은 분들의 관심과 참여라는 기적이 시작된 것입니다. 이 기적은 바로 선수단 여러분, 그리고 선수단 가족 여러분이 만들어 주신 감동에서 시작된 것입니다. 여러분의 열정과 땀과 도전이 우리의 닫힌 마음을 열어 주고, 차가운 마음을 녹여 주었습니다.

전 지난 8일 동안 수없이 울었습니다. 피겨스케이팅에서 금메달을 따고 환호하는 베네수엘라 선수의 웃음에서, 플로어하키에서 졌다고 엉엉 울어 대는 이탈리아 선수의 눈물에서, 그리고 처음 눈을 보았다고 밝게 웃는, '스페셜 핸즈' 프로그램으로 최초로 동계 올림픽에 참여했다는 파키스탄 선수들의 미소에서 저는 마음의 눈물을 흘렸습니다.

그리고 가슴으로 생각했습니다. 우리가 그들의 환희, 열정, 분노, 고통을 얼마나 알고 있는가? 백분의 일? 천분의 일? 이제 귀를 열어 그들의 목소리를 듣고 눈을 크게 떠 그들의 꿈을 바라보는 변화가 시작되었습니다.

혁명이 시작되었습니다. 그런데 이제부터가 중요합니다. 이제부터 이 변화를 어떻게 행동으로, 실천으로 만들어 가는가가 중요합니다. 정책의 변화? 예산의 투입? 글로벌 개발 서밋으로 만들어진 평창선언문의 실천?

모두 중요합니다. 네, 필요합니다. 그러나 나부터의 실천, 작은 실천, 작은 행동이 중요합니다.

우리 옆집 지적 장애인들에게 말을 걸어 봅시다. 그들과 친해져 봅시다. 그들을 기다려 봅시다. 나부터 시작된 작은 실천이 이제 이 세상을 바꿉니다.

선수단 여러분, 선수 가족 여러분! 이제 당당하게 도전합시다. 여러분의 꿈을 위해 뛰어 봅시다. 여러분의 도전과 꿈은 새로운 기회를 만들어 갈 것입니다.

여러분의 꿈! 우리가 함께 이루어 갑시다.

I have a dream, a song to sing.
(나에겐 꿈이 있습니다, 부를 노래가 있습니다.)

To help me cope with anything.

(내가 힘들 때 도움이 되는 그런 노래, 꿈이 있습니다.)

If you see the wonder of a fairy tale.

(믿음이 있다면)

You can take the future even if you fail.

(실패를 해도, 다시 일어나서 내일 또 해볼 수 있습니다.)

I have a dream. TOGETHER WE CAN.

(나에겐 꿈이 있습니다. 함께라면 할 수 있습니다.)

:: GLOBAL DEVELOPMENT SUMMIT 오프닝 스피치

It's an honor to be surrounded by so many distinguished people. Many of you have traveled far to be here. Thank you.

This is history in the making.

I hope you enjoyed the video that showed the intellectually disabled have the same hopes and dreams for a happy life. Just like us.

It reminded me of a talk I had with my daughter. Yoo-na is 20 years old and has an intellectual disability. She used to say to me: "Mom, I want to get married one day and take care of my family on my own two feet." It was a bittersweet moment.

On one hand, I want her to find a good husband and get married too. On the other, I really worry if she can find a good husband. Perhaps it's better if I keep her with me forever.

But I know she has dreams of her own. Most importantly, it's what SHE wants. Not what I want.

And that, ladies and gentlemen, is the issue we must tackle. Understanding what's best for them from their perspective. Not ours.

But until now, many of the policies and programs have always been what WE think is best. We need to change this attitude. How do we do that? We listen. Because listening is the most honest form of respect for another human being.

As in the video we just watched, they want equal access to education, equal access to culture, equal access to sports.

Yes! Earlier and better education means more open doors for employment. Increased opportunities in the workplace means they can escape poverty. They can contribute to the economic health of their communities. And no longer be subjected to social exclusion.

Where they are born and live also influences their quality of life.

Cooperation between the nations - developing and developed, rich and poor is necessary. We need to share information. Learn from each other.

Some just dream or wish for a better world. But here at this Summit, we have the means to really make it happen. Let's put our heads together and come up with specific plans that we can put into action.

TOGETHER WE CAN build a solid foundation to create a world where all intellectually disabled people, like the athletes, my daughter, can fully pursue their dreams.

Thank you.

무릎을 굽히면
사랑이 보인다

1판 1쇄 발행 2013년 11월 20일
1판 5쇄 발행 2014년 3월 31일

지은이 나경원
펴낸이 김성구

단행본2팀 이미현 김아람
디자인 여종욱 문인순
제 작 신태섭
책임 마케팅 송영호
마케팅 최윤호 손기주 김정원 차안나
관 리 김현영

펴낸곳 ㈜샘터사
등 록 2001년 10월 15일 제1-2923호
주 소 서울시 종로구 대학로 116 (110-809)
전 화 02-763-8965(단행본팀) 02-763-8966(영업마케팅부)
팩 스 02-3672-1873 **이메일** book@isamtoh.com **홈페이지** www.isamtoh.com

ⓒ 나경원, 2013, Printed in Korea.

이 책은 저작권법에 따라 보호를 받는 저작물이므로 무단 전재와 복제를 금지하며,
이 책의 내용의 전부 또는 일부를 이용하려면 반드시 저작권자와 ㈜샘터사의 서면 동의를 받아야 합니다.

ISBN 978-89-464-1856-1 03810

이 도서의 국립중앙도서관 출판시도서목록(CIP)은 e-CIP 홈페이지
(http://www.nl.go.kr/cip.php)에서 이용하실 수 있습니다. (CIP제어번호: CIP2013022720)

값은 뒤표지에 있습니다.
잘못 만들어진 책은 구입처에서 교환해 드립니다.